マジョリン先生

おはなしきいて

土佐いく子

日本機関紙出版センター

はじめに

この本をまとめている時に、神奈川で9人の若者を殺害するという世間を震撼させる事件が起きました。異常な青年の異常な事件で片付けることはできません。なぜなら、自殺サイトに多くの若者たちがアクセスしているという今、そしてあの容疑者と最後に関わった若者は「こんなに真剣に話を聴いてくれた人はいなかった。こんなに優しくしてもらったことはない」と言います。容疑者本人も「生きてる意味がわからない」と言うのです。

この10年かかわってきた学生たちと全く同じ思いではないか。他人事とは思えない事件なのです。「生きてる実感がしない。自分のことが嫌いだ。自分の話を真剣に聴いてくれた人なんていなかった。不安の中でずっと一人ぼっちだったと感じてきた。人間なんて信じられないと思ってきた…」

こんな青年たちの話をとにかく共感しながら聴いて聴いてきた10年。本気で話を聴いてくれただけで、顔を上げ始める若者たち。いえ、子育て中のお母さんの話も、現場の先生方の悩みもずいぶん聴かせていただいてきました。(しかし、自分がどれほどのことが本当に聴けたのか自問、自省しつつですが)今、改めてこの「聴く」ことの意味を深く考えさせられています。

この原稿を執筆している間も、学校に足が向かない先生や子どもの話、我が子のひきこもりに悩む高齢者の親御さんの話、嫁と姑がうまくいかず孫に会えない方の話などを聴かせていただき一緒に胸を痛めています。なぜ私だけがと落ち込み、悩み、苦しんで眠れない夜を送っている――しかし、このことは今の事態に絶望せず、なんとか出口を探そうとするいとなみなのです。明日をたぐり寄せる力にきっとなると私は信じています。そうです。この生きづらい時代の中で、子どもたちも、若者もいや、子育て真最中の母ちゃんたちも、命を削る思いで働く先生方も本当に健気なほど一生懸命生きています――これは全国を講演しながら、自分の身体で感じてきた実感なのです。おっとどっこい！　この時代、捨てたもんじゃありません。そんな思いをエッセイに綴りました。


（第1章）学力、競争、能力主義の時代の風の中で、それでも子ども心を失わないで、健気に生きる子どもたち。やっぱり可愛いです。

（第2章）保護者のみなさんと先生方に送る応援歌です。少しでも我が子の能力を伸ばさなきゃと焦らされているお母さんたち。ふと立ち止まって子育てで大切なことは何なのか、一緒に考え合ってみませんか。人材育成、スタンダード…。次々と押し寄せる管理と多忙の嵐が吹く学校現場、その中でどの子も見捨てまいと教育実践を積んでいる先生方をたくさん知っています。

（第3章）学生や若い先生方と関わらせていただき、私の方が多くを学ばせてもらっています。若者たちの心の叫びを聞いてください。そして、明日に向かって生き直していく静かな足音に耳を澄ませてやってください。

（第4章）退職してはや10年たちました。月日のたつのを速く感じる日々ですが、日常の暮らしをいとおしんで生きたいと思っています。地域のみなさんも含め、一層人づきあいの和を広げ、お互いに元気をもらって「生きていてよかった。人生おもしろいぞ」と言える日々を重ねたい——そんな日々を綴りました。


この本を手にとっていただき感謝です。これも大切な出会いの一つでしょう。出会いが人生を創ると実感するようになりました。心にとまったページから読んでみてください。きっと自分の話も聴いてほしいと何かが心の中に…。

※「マジョリン先生」と言うのは、子どもたちが私のことを「魔女のマジョリン」とつけてくれた名前です。

もくじ　マジョリン先生　おはなしきいて

第1章

子どもっておもしろい

第1話

子どもの世界はおもしろい

＊（　）内は土佐コメント

■野球のチームを作った　3年　大野かつき

今日、学校で野球のチームを作りました。

ぼくと森本くんと今西くんとすず木くんと坂口くんと杉山くんと西尾くんと高林くんと吉永くんとでチームを作りました。（隣のクラスの人も仲間に入れたのが嬉しい）

ぼくピッチャー、今西くんキャッチャー、森本くん1るい、坂口くん2るい、西尾くん3るい、杉山くんショート、すず木くんセンター、吉永くんライト、高林くんレフトを守っています。

吉永くんは、日曜しか遊べない。（学童保育に通っているのです）ゆうじくんも入れます。（ゆうじくんは運動に自信がなく、友達作りも苦手。かっちゃんはそういう友達に心を届けるのです）

マネージャーは、谷口さんと初元さんと池田さんです。（なんと多い時は８人もいました。練習の時は女子も一緒にボールを追いかけます）

このチームは、強いかも知れない。キャプテン今西くんです。

毎週月曜と水曜日やります。場所は、５丁目のグランドでやっています。チームの名前は「ビクトリシャーマンズ」です。

ぜひ来てください。土佐先生も、ぜひ来てください。

試合があるときがんばります。それでおうえんしてください。ただし、雨のとき中止です。（言わんでもわかってるで！）

相手もけっこう強いです。ぼくらはあきらめないチームです。勝負しても勝ってやる。

もしグランドがつかってたらどんぐり広場でやっています。グランドもどんぐり広場もどっちも使っていたら中止になります。

試合するとき、土佐先生も見に来て

あれえ？！　お米光ってる（かわいい孫）

ください。

マネージャーもポンポンつけて来て、おうえんしてくださいね。もしポンポンがなかったら、試合する前に土佐先生にポンポンもらいなさい。

火曜日と木曜日は、プールとかあるからやりません。試合する前は、練習します。

初めて野球チームを作ってよかった。

試合するとき、がんばろうね。先に来たら場所取っといてね。

野球の持ち物――水とう、バット、グローブ、キャッチャーミット、ボール2こか3こぐらい持って来てください。

土佐先生も水とうも持って来てくださいね。

マネージャーの初元さん、池田さん、谷口さんも持ち物、水とう、ポンポンがいります。

もしマネージャーがやりたかったらぼくに「マネージャーやりたい」って言ってくださいね。

まず先に宿題をやってから来てください。それやったら土佐先生におこられないですむ。(こんなこと言ってないぞ)

これで守りと打じゅんとマネージャーも作れてほんとうによかった。

マネージャーしっかりおうえんしてくださいね。

みんなバッターのとき、打ってね。野球は、けっこうしんどいから、みんながんばって野球をしてくださいね。

かぜやったら野球は休んでもいいですよ。

マネージャーも、かぜとかひいたら休んでもいいですよ。

土佐先生も、用事とかあったら、けえへんかってもいいですよ。

◇◆◇

なあみんな、野球チーム作ったからがんばろうね。チームができてよかったなあ。持ち物も忘れないでね。場所もちゃんと取っておいてや。女子もマネージャーとかして、ポンポン持って応援してよね。土佐先生、用事とかあって忙しいと思うけど、きっと来てよね。水とうも忘れず持っておいでね先生。そして、カゼとかひいたら無理しないでねとかっちゃんの熱いよびかけに、仲間たちも先生も応えないわけにはいきません。（学級の自主活動「学級クラブ」でのこの野球は、１年半も続きました）
子どものすることなすこと腹立たしくイライラする、と叱ってばかりの大人たち。子どもの世界にちょっと寄せてもらって一緒に笑ったり、ドキドキしてみると、やっぱり子どもは、おもしろいです！　今日は、ガミガミおこらんとこうっと！

第2話

心の寄り道を子どもにも大人にも

■660号の新幹線　6年　酒井　美千夫

6年がはじまって、1週間ぐらいたったとき、山崎君のつくえを見ると、ただしいというじがいっぱいかいていました。

ぼくが、「なに、これ」ときいたら、山崎君が、「新幹線のとおった数」といいました。ぼくが、「どこにとおってるん」ときくと、「まどからまっすぐみた所にみえるやん」と山崎君がいって、ぼくが、「なんや、あそこか」といいました。そして、ぼくが、山崎君に「まねすんで」といったら、山崎君が「いいで」といいました。

そして、2台くるのに4分ぐらいかかるから、はじめは、「くるのおそいな」とかいっていたけど、なれてくると、おもしろくなってきました。

「いま、山崎君何台」ときくと「まだ40台ぐらい」といって「おまえは」と山崎君がいうと、ぼくが、「まだ15台ぐらい」というと、山崎君が、「おそいのうおまえ」といいました。

　ぼくは、まけたくなかったから、休み時間もきゅうしょく時間も見ることにしました。そしたら、山崎君にだんだんおいついてきました。ぼくが、山崎君に、「今、何台」ときくと、「120台」といいました。そして、ぼくが、「105台」というと、山崎

冬を越え山里で静かに春を待つ藪椿（墨彩画）40×90

君が「ほんまに」といいました。

1学期も2週間ぐらいたって、山崎君に、「今、何台」ときくと「180台ぐらい」といいました。ぼくが、「201台ぐらい」というと、「ぬいてるやん」といいました。そして、山崎君が、「もう200台いったで」というと、ぼくが、「おれ、250台」といいました。

2日たってきくと、山崎君が、「251台」といいました。ぼくが、「あまりみてへんな」といったら、山崎君が、「おまえは」といったので「325台」と、ぼくがいいました。

つぎの日の3時間目の休み時間に、山崎君が、「おれ、やめるわ」といったから、ぼくが、「なんで」ときくと、「おもしろくないやん」と山崎君がいいました。

「それじゃ、その新幹線の数、ちょうだいや」と、ぼくがいうと、山崎君が、「いいで、この291台あげるわ」といいました。

そして、べんきょう時間がはじまって、その時、ぼくは350台あったので、ぼくのと山崎君のをたしたら、641台になったので、「やったあ」といいました。そして、641台だったらはんぱだったから、660台にしようとしました。660台にするには、あと19台だけだからかんたんやなと思いました。その時間で660台いきました。

「やった」といって、さいごの1台をかこうとしたら、先生がいきなり、「けせ」といいました。そして、ぼくがけしていたら、いきなり、「休み時間にけせ」といいました。ぼくは、660台わすれないように、ノートやおどうぐばこやつくえに、すうじでかいといて、もう、新幹線をみないようにしました。

――大澤昇『学級文集』より

◇◆◇

6年生になると、教室が4階になって、遠くを走る新幹線が見えるのです。最高学年になって、はりきってはいても、授業中ほっと息を抜きたくなることが誰にもあるものです。

こんな作文が教室で読まれると、静かな笑いが広がり、肩の力もぬけて、ゆったりとした雰囲気がうまれます。「けせ」と言われた先生に、この作文を読んでもらいたくて、楽しんで書く教師と生徒との関係がなんともあったかいです。

しかし、こんな心の寄り道ができにくい今日です。結果やできばえを求めて、効率よく大人の期待にこたえさせる「狂育」の中で、悲鳴をあげている子どもたちです。大人もまた今、寄り道やムダにみえることで心を遊ばせたいですね。

第3話

生きている証

今日も「親を殺した」というニュースが飛び込んできて、胸が痛みます。親を殺しながら、実は自殺をしているのでしょう。命について考えさせられる今日です。

突然ですが、「進行性筋ジストロフィー症」という病気をご存知でしょうか。難病中の難病といわれ、次第に病状が進行し、死に至るという病気なのです。夫が病院内の学校で、筋ジスの子どもたちの命と向き合う仕事を8年してきました。今回は、その話を夫にしてもらうことにします。

◇◆◇

大学を出て体育の教師として赴任したのが、国立療養所刀根山病院の中にある進行性筋ジストロフィー症児が入院治療しながら通っている院内学級でした。

ある日、急いで廊下を走って職員室に向かっていると「走らないで！　風圧で子どもが倒れます」と看護婦さんの声。驚きました。私がこれから体育の授業をしようと

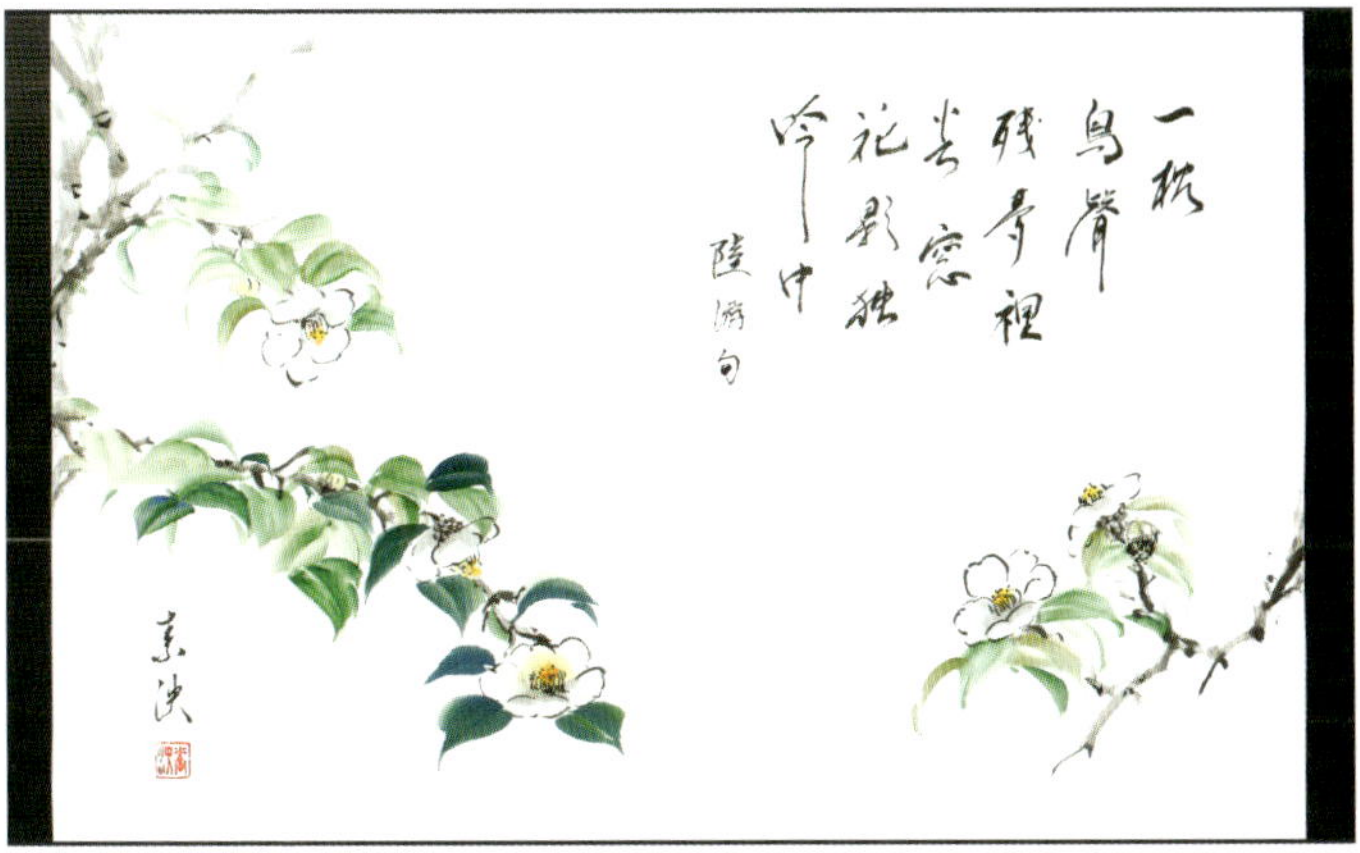

講演先の宿　窓辺の白椿に魅せられて

している目の前の子らは、風圧で倒れる子、車椅子で10ｍ移動するのに3分もかかる子、軽いテニスボール投げで50㎝。

当時は障害児教育の理論と実践もほとんどなく、就学猶予や免除という制度で学校教育からしめ出されていました。まして障害児体育やスポーツなど考えられないことでした。身体が不自由な子に無理にさせるのは可哀想だ、と切り捨てられてきたのです。ですから子どもたち自身、体育やスポーツはテレビで観て楽しむものだと思い込んでいました。

より速く、より高く、より遠くと記録を求められるスポーツは彼らとは無縁のものでした。そんな彼らの学校に「体育の先生が来る。ボクたちも体育ができるんだろうか」。彼らにも、私にも全く未知の世界への挑戦でした。

■弘志がスマッシュ

さて、新しいものを作り出していく営みで大切なことは、発想の転換です。

私たちは卓球に取り組みました。台上で行うゲームですから、車椅子の子でも立ったままの子でもほとんどハンディなくプレーできます。

ところが、卓球は台上のネットの上をラリーするスポーツだと考えられてきたのですから、彼らにはできないスポーツだったのです。

ネットの上をラリーできなければネットを少し上げてころがして、その下をラリーしてもいいのです。また台が広いので、横からピンポン球が落ちないように、ガードを付けると全く問題がありません。

シングルやダブルスだけでなく、６人対６人のゲームも考えました。「卓球バレー」と名づけました。

ピンポン球は軽く、ほとんど力がなくてもころがっていくのです。

こんなことがありました。車椅子に乗ってほとんど手首だけの力しか出せない弘志が、プラスチックの物差しをラケットに見立てて相手からの球を返球したとき、彼は叫びました。「ナイス・スマッシュ！」。球はコロコロとゆっくり相手コートに返っていきました。私は感動しました。

彼にとっては、自分の打った球がまるで全日本選手のスマッシュのようにビシッと決まったのです。自分の代わりにピンポン球が動いてくれるのですが、まるで自分がすばやく動き回っているような、今まで経験したことのない心地良さを感じたのでした。

その姿を主治医であり世界的な権威のある先生がご覧になり、こんな話をしてくださいました。「この病気はいまだに完治する薬は見つかっていません。子どもたちは毎日毎日、辛く苦しい機能訓練をして病気と闘っています。でも体育の授業ができて子どもたちの表情が一変し、生活が変わりました。医者の私にもできないことでした。教育ってすごい力ですね」

子どもたちの生活が能動的になり、命が輝き始めたのです。その後、障害者スポーツが考え出され、東京オリンピック以後、パラリンピックも行われるようになりました。

毎日毎日が命と向き合う仕事でしたが、今を生きる子どもらの命の確かな輝きに励まされてきた8年でした（『生きてる証』土佐朝一、民衆社）。

第4話

ぼくも書きたいことあるねん

「なにわ作文の会」という研究会で一緒に学んでいる佐藤先生の話です。

新年度、不安でたまらないからとわが家にやって来たのです。3年生だというのに、文字の読み書きのできない子がいてケンカが絶えず、授業に集中できないというのです。

「心配する前に、その子のことをもっと知ろうよ。どんな子もかしこくなりたいと願ってるんだから。明日から一緒に遊んでやったらいいなあ」と話すと、笑顔になって帰って行きました。

自己紹介をしてもらったら、その悠太くんは「ぼく、たのしいことがすき。ぼく、たいていのものは食べる」と言うのです。しかし、本当は彼はひどい偏食で、食べられないものが多いのです。「ぼくもたいていのものが食べられるようになりたい」と願っていると読み取る佐藤先生です。

学級で、クラスのみんなが日記や作文を書き始めました。佐藤先生はそれを毎日、子どもたちに読んでやり、語り合うのです。

悠太くんは、文字が書けません。でも、彼も自分の思いを先生や友だちに聞いてほしいのです。「なあ先生、オレがしゃべるから字書いてよ」とやって来て、話し始めるのです。佐藤先生は、それを忠実に書きとめ、文章にしてやりました。

「今日、寺島と遊びました。それで、さい初に、中でおもちゃで遊びました」と書き言葉にしてしゃべるのです。

秋の色にうっとり　自然に脱帽！
思わずペンを（ムカゴ）

佐藤先生は、それを学級通信に載せて、またみんなで読み合いました。顔の表情がやわらかくなり、笑顔が生まれました。

自分の思いが受け止められたことで安心したのでしょう。「ぼくも書きたいことあるねん」「ぼくも書きたい」という願いが一層あふれ出てきたことでしょう。

■悠太文字から文字獲得へ

2学期のある日、何か不思議な絵の羅列を描いているのに気づきました。聞くと「悠太文字を書いてるねん」と言うのです。なんと絵をつないで文を書いていたのでした。3日がかりで、悠太くんはこれを書き上げたと言います。

この作文の題名をひらがなにすると、しゅりけんの「しゅ」、みかんの「み」、のりの「の」、しゅりけんの「しゅ」、みかんの「み」、足2本でパートII。つまり「しゅみのしゅみパートII」と書いたのです。

それから悠太くんは、佐藤先生やクラスの仲間の力も借りて、50音表を作成。あは、あくびの「あ」、いは、いかの「い」、うは、うちわの「う」という具合です。この一覧表ができると、今度はクラスの子らが悠太くんに、絵と合わせて文字を教え始めたと言うではありませんか。

彼は、自分の思いが伝わらずその度にキレていたのに、この頃から少しずつ落ち着いてきたのでした。その後、悠太くんは文字を獲得。

文字の読み書きができることで、学習が可能になりました。自分の思いが文字で表現でき、それを学級の仲間が受け止めてくれるのです。世界が広がりました。ものを考える力や認識する力が育ち、コミュニケーション能力が豊かになりました。だからこそ自分をコントロールする力も育ち、何よりも自己肯定感が育ってきたのでした。人間らしい感情も豊かになりました。

人間が人間になっていくプロセスをあざやかに見せてくれた悠太くんの成長でした。どの子もかしこくなりたい、勉強がわかるようになりたい、自分を表現したい、誰かにわかってもらいたいと願っているのです。その発達の筋道を保障していくのが教育です。

しゅみのしゅみパートⅡ

（悠太文字）

「あの子の1年間の成長ぶりには驚きますね。人間が文字を獲得するというのはああも子どもを変えるんでしょうかね」と校長先生の言葉です。

第5話

子育ての原点がここにある

■学童保育のちから

学童保育には、子どもの生活があります。大人の敷いたレールの上での活動ではありません。子どもたちの意見や考えを自由に出し合い、そこから活動を創りあげていくことを大切にしているのです。

学童では、やんちゃもケンカも失敗もあり、なかなかにぎやかです。そのことが許され、見守られている空間があるのがうれしいです。

子どもは、子どもの世界の中で鍛えられ、鍛え合う力を持っています。その育つ力を見守り、気長く付き合ってくれる大人の存在が求められている今日です。

ここに自分たちで遊びを探し、自分たちでルールを作り、自分たちで問題を解決しながら生きている3年生の子どもの作文があります。

■場所取り　３年　竹田　英司

ぼくは、かき本君と遊ぶときは、いつも大宮神社でドッジボールをします。そしたら、いつも、５年生のおにいちゃんがいっぱい来て、ぼくらの場所を取ってしまいます。だから、ぼくらが、

「ぼくらがさきにとっていたから、のけ」

ともんくを言います。だけど、

「ばかやろう。５年にもんくいうな、どけ」

と言いかえしてきます。

　ぼくらは、しつこく言いかえします。だけど、５年生だから、ぼくらの手にはおえません。だから、よこのほうへにげます。さいごには、

「のけ、のけ、しっしっしっ」

今咲いたばかりの泰山木　画材を持って公園に走って行った

と、3年だから、ばかにして言います。いつもそうです。

　そして、おとついのことでした。ぼくらがドッジボールをしていたら、また5年生が来て、

「のけ、のけ、しっしっしっ」

と言いました。しかし、いつもとちがって、かき本君が、よこのほうへひきさがっていきます。かき本君は、何か考えているようでした。ぼくは、

「おこってんのん、ちがうかな」

と一人ごとを言っていました。そしたら、かき本君が、みんなに
「しあいせえへんか。そして、かったら、この場所もらって、まけたら、この場所わたそか」

と言いました。そして、かき本君が、

「ひろ、おまえ、しあいもうしこめ」

と言いました。はじめ、ひろは
「いやや、いやや」

と言っていましたが、さいごには、ひろが
「じゃあ、言おうか」

と言って、がいやのおにいちゃんに、

「しあいしよ」

と言いました。はじめ、5年のおにいちゃんは、

「いやべえ」

と言いましたが、おわりそうになると、がいやのおにいちゃんが、

「みんながやると言ったら、やったるわ」

と言いました。

　そして、みんながやってくれることになりました。そしたら、かき本君が、

「ぼくらがかったら、この場所もらうが、まけたら、この場所わたす」

と言いました。

　そして、5年のみんなが、

「よし」

と言って、やることになりました。

　ぼくらは、さいごにまけました。そして、この場所を5年生にわたしました。

（大澤学級）

第6話

子どもが「夢」を語るとき

小学6年生のこんな作文が目にとまりました。

◇◆◇

ぼくの将来の夢は、医者になることです。医者になりたい理由は三つあります。

一つ目は、父が医者で、手術をしている写真が家にかざってあるのですが、その写真がとてもかっこよく見えたからです。父は何も話してくれませんが、がんばって仕事をしているのがよく分かります。

二つ目は、マンガで見たんですが、手術をしてもらって、病気が治った人やその家族、または親族などは、とてもうれしそうに「ありがとうございました」といって、そういう顔や姿を見たいからです。

三つ目は、世界にはまだまだ病気やうえで苦しんでいる人たちがたくさんいますが、こうした人たちを救い、元気な体にしてみんなと一緒に生活させてあげたいからです。

医者になるという夢をかなえるためには、たくさんの努力をしていかなければならないと思います。だから、たくさん努力して、自分の夢…をかなえたいと思います。

◇　◆　◇

読まれていかがでしょうか。

こんな子どもだったら親は、どんなにか幸せでしょう。それに比べうちの子なんて…と思われた方もおありでしょう。学生たちに感想を尋ねると、大多数がいい話だと言いました。

実はこの少年は、この4年後、高校1年生のときに自宅に放火し、継母と幼い2人の兄弟を焼死させたあの「奈良事件」の加害者です。あこがれていたはずの父親を殺害したかったと報じられました。

夢はあきらめない　追い続ける

６年生の卒業前に、少年が抱いた夢は嘘ではなかったでしょう。しかも、この作文と事件との関係を云々できる資料もありませんので、あれこれ論じることはできません。

私の受け持った子の中にも医者になることを夢みていた４年生がいました。その子は６年生になると「医者か弁護士以外はなったらあかんねん」と言い始め、あたりかまわず「死ね！　死ね！」とわめき散らして、ずいぶん荒れたことがありました。

この子はＳＯＳを出せたのです。お父さんの期待にこたえて立派でがんばる子を続けるのはもう嫌だ！　でも、お父さんはすばらしい医者で、ぼくにも後を継いでくれと…ああ、どうすればいいんだ！とその狭間で苦しみもがき、とうとう糸が切れてしまったのです。この子の場合は、お母さんが受け皿になってくれたことで、自分が本当にやりたいことを見つけることができたのですが、奈良の少年はどうだったのでしょうか。

◇◆◇

４年生の一貴くんは将来の夢をこんなふうに書きました。

友だちに「なあ一貴、大人になったら、いっしょに芸能人になろうな」と言われて将来のことを考えるのです。

「でも、ぼくは、やっぱり、けい官か消防士になろう」と思うのです。ところが、お母さんが「けい官はやめた方がいい。だって、あいつがおれの子分をつかまえたとかいろいろうらみがあるよ。お父さんも、けいじはやめときって言ってたよ」などと言うのです。

そこで、また考えるのです。やっぱり父ちゃんみたいに消防士になろうかと。しかし、大工さんに家を作ってもらって、犬をかって、結婚して…でもお金がかかるなあ…。犬の散髪代だけでも５千円。やっぱり犬をかうのはやめよう。うーん、ぼくは消防士になれるか不安になってきました。

お母さんも「消防士は、人を助けるからいいよ」って言うけど…芸能人なあテレビにも出たい気もするしなあ…。

また友だちが言うのです。「じゃあ結婚はやめて、ぼくらで２人でくらそう」と。

でも、ぼくは、やっぱり「大阪の消防士になる」と決めました。おわり。

◇◆◇

まだ４年生ですから、それこそ夢みたいなことも考えていますが、生活の中からものを見て、本当のことを書いているのです。父ちゃんは「オレの後を継いで消防士になれ、道はそれしかない」などと言わないのです。「お前の人生や、自分で決めたらえで」と言うのです。奈良の少年はどうだったのでしょうか。

第7話

拳ちゃん乗せてシベリア鉄道走る

■電車の運転手に

今年も800枚近い年賀状が届きました。その中で一番わくわくした教え子からの年賀状の話です。

「先生、ぼくは大学はやめることにして、電車の運転手になることになりました」

3～4年生の時、担任した拳ちゃんからでした。とにかく電車に夢中で、「交通科学クラブ」という学級クラブを作り、目を輝かせていた子ども時代でした。方向オンチの私が講演に行くというと、電車を調べてくれ、発車音までやってくれ、おまけに「先生、この電車は2輌目には、トイレがありませんから気をつけてください」と教えてくれたものでした。4年生の交通の学習をする時は、彼が先生をして、みんなに授業もやってくれたのです。

拳ちゃんが書いた作文は、昨日のことのように細かい中身まで鮮明に覚えています。

■けんは　そばのつう　３年　西野　拳

住の江図書館へ行って、本を7さつかりました。

かりようと受付まで行ったら、前、図書館の説明をしてくれた人がいました。

けんがかりた本はぶあつくて魚の本や宇宙の本をかりたので係の人に、

「重たい本ばかりで持てますか」

と言われましたが、けんは、とくいげになって持って帰りました。

その帰り、おなかがすいたので、けんの大好物のおそばを食べに行きました。

けんはまよわず、「生一本の三宝そば」を注文しました。

食べたあとは必ずそば湯を飲みます。

「そば湯ください」

とけんが言うと、お母さんが、

「けんちゃんは、そばつうだね」

ホトトギス　この茎の曲線に心ひかれる

と言いました。

「そばつう」の意味がわからなかったのでじ書を引きました。

「つう（通）ある物事にくわしいこと、またその人」とありました。

これで、けんはそば通です。

■好奇心にさそわれて

好奇心旺盛、新しい世界との出合いを日々楽しんでいた拳ちゃんです。

あれから8年、高校3年生18歳の春を迎えています（今は立派な電車の車掌に。運転手になるのを夢みています）。その春に、大学進学はやめて電車の運転手になるという決断をしたというから、なんとも愉快じゃないですか。

しかし、お母ちゃん、ひとりっ子の息子を大学に行かなくてもいいとよく認めたもんだと久しぶりに電話をかけたのです。懐かしいお母ちゃんの声が返ってきました。

なんと拳は今、インドへ一人旅に出かけたと言います。ネパールへ渡り、ヒマラヤを見て、最後はシベリア鉄道に乗って、高校の卒業式に間に合うように帰って来ると言うではありませんか。16歳の時に一度シベリア鉄道に乗りに行ったのですが、お金をとられ断念し、北欧へ渡ったと言います。ホテルも何も決めず、心の向くまま気の向くまま、好奇心にさそわれて冒険の旅を続けているのです。お金は、バイトで貯め、言葉がわからなければ一人旅はできないと英語の勉強をし、シベリア鉄道に乗るからロシア語も勉強していたと言います。やるぞ！　拳ちゃん。

しかし「やっぱりお母ちゃん、悩みもしましたよ。心配もしたでしょうに、よく認めはったね」

「そりゃあ先生、いろいろ力になってくれました。第一、高校の先生だってびっくりしてはりましたよ。でも、いろいろ力になってくれました。まあ先生、子どもの頃からあんな子でしょ。好きなことになったら夢中、熱中、とめられませんわ。今大学へ行っても仕事のない時代でしょ。好きなことをして人生楽しく生きていけたらいいかなあ」

ハハハハ…。この親にしてこの子ありですよ。母ちゃんだって、大好きなピアノに夢を託して、今も舞台で演奏しているんですから。

拳は、今頃インドの電車に乗って何を見、何を感じ、何を考えて走っているのでしょうね。

私もかつてインドやネパールを旅しました。その日々のことを思い出し、なんだか今すぐにでも飛んで行きたい気持ちになりました。

拳ちゃん、帰って来たら、いっぱい話をしようね。あなたが運転する電車に乗れる日がくるのを先生わくわくしながら待ってるよ。

第8話

子どもの野性

先日、高知の先生方の研修会に出かけて来た。1年生の担任の女の先生が「子どもらが可愛くて…」と言いながら、こんな作文を読んでくれた。

■ふうせんロケット　きょうへい

まずふうせんをもって空気を入れました。ふうせんの先っぽをくくりました。そのときは、水が入っていました。ぼくは「ここおって」とおうくんにいいました。ぼくはこっそりはりをとって、なげました。ふうせんはわれ、おうくんのズボンとパンツもぬれてわらいました。ぼくが「おうがびしょびしょ」というと、おうくんが「くっそう」といいました。

いえに入ったら、ばあちゃんにおうくんがおこられていて、そのときは、ぼくはこっそりかくれて見ていました。ぼくは、小さいこえで「にんぽうかくれのじゅつ」といいました。

◇　◆　◇

自分がぬらしておいて、叱られているおうくんをこっそり「にんぽうかくれのじゅつ」などと言いながら楽しそうに見ているきょうへいくん。そんな子どものすることを説教などするどころか「子どもって面白い、可愛いわあ」と笑顔で語る先生がいる。

何枚かいても大好きな花なのになかなか手ごわい

■子ども心を奪うな

そう言えば高知には「小砂《ささ》丘忠義《おかただよし》」という「生活綴方教育の父」といわれた人がいる。

小砂丘は「メメズ（ミミズ）」という1年生の男の子の作文（メメズが大嫌いなばあちゃんなのに、大きなメメズをとったら棒につけておどろかせる。その後、弟とメメズを切って、ままごとにして、それから墓をつくってやる）を読んで、「この野性、それは必要以上に、その芽が剪定されてしまう。だが、いつの世までも残らねばならぬ子どもである」と力をこめて語っている。そんな子どもの野性は、時代が変わっても生きていて、子どもが子ども時代を生きぬくための宝物なのだ。

ところが先日もある学校を訪問したとき、3年生のやんちゃたちが一列に並べられて、ひどく叱られている。なんと体育倉庫に入って、運動場の線引き用の石灰を持ち出して、水を入れて泥と混ぜて、だんご作りをしたと言うのだ。並んだだんごを見て思わず吹き出したが、その若い先生は、いつも指導が甘いからこうなるのだと、管理職に叱られ、まさにカンカンになっていたのだ。

きちんと、真っ直ぐ、さっさと、まちがわず、ケンカしないで整然とまとまったクラスを作るのが、指導力のある教師だとして評価される空気が今、現場では強まっている。そこへもってきて道徳教育の「教科化」だ。人間形成、人格にもかかわるような内容が評価の対象にされ、点数化されようとしている。そうなれば「にんぽうかくれのじゅつ」も「メメズ」もみな最低の評価となることまちがいなしだ。

今、大人たちの期待にこたえ「いい子」であらねばと自分を演じてきた子どもたちが命がけの悲鳴を上げているのに、この道徳は「いい子」作りに一層拍車をかけてくる。

ましてや、子どもらしさの宝であった「子どもの野性」は奪い去られてしまうではないか。

しかし、おっとどっこい、子どもは荒れながらも子ども心を失わず今を生きている。

■ちこくしたわけ

がっこうへいくとき、みぞのふちにずうっとたんぽぽをみつけました。いっぽん、いっぽんとってたら、いっぱいいっぱいあって、おもしろくなりました。がっこうへは、あとちょっとじゃきん、「もうちょっととろう」と思いました。でもがっこうへきたら、あさのかいがおわっていました。たんぽぽをおしりにかくして、きょうしつにはいりました。

（土佐山田町　安岡さとし）

◇　◆　◇

そう言えば、わが家の孫も1年生のとき、あまりにも帰りが遅く、心配して捜しに行ったら、ねこじゃらしを胸にいっぱい抱えて誇らしげに帰って来るところでした。「お母さん、この子大丈夫でしょうか。変わってませんか」と息子の嫁。ハハハハ！　私も変わってるから、ばあちゃんに似たんやろう。

第9話

やっぱり家族はぬくい

■家族内事件が相次ぐ現代

きょうも目の悪い息子の将来を悲観して、母親が手をかけたというニュース。老老介護に疲れて夫が妻を、子育てに疲れた若い母親がわが子をと…家族の中での事件が相次ぐこの時代。心が痛い。社会の貧しさが家族の不幸を作り出している。

こんな今だからこそ、子どもたちは、家族のぬくもりを一層求めてもいる。

■へいわってこんなこと　1年　あきと

いつもぼくがかえってきたら、おかあさんに「ぎゅうしたい」っていっていて、おかあさんが「いいよ」っていってくれて、ぎゅうをして、こころがあたたまる。うちでいつもぎゅうをしているよ。

（日本子ども文詩集より）

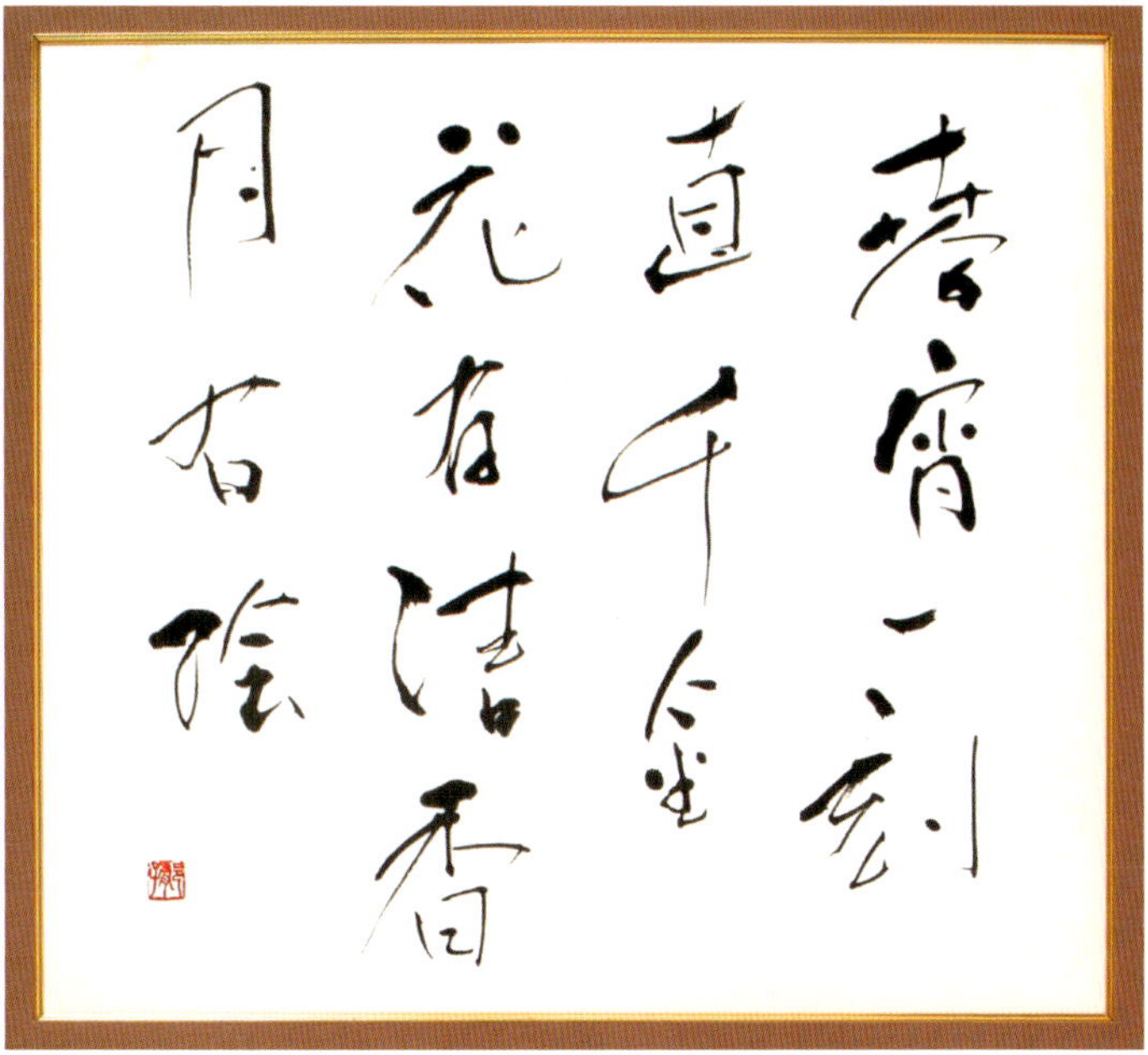

梅が一輪ひらくと　この額を掛ける（80×70）

これを「へいわ」って言うんだね、ホント！　平和の原点はここにあるんだよね。

■かたたき　1年　うちゅうた

おかあさんのかたをたたいたらぬくかった
うちゅうたも　手がぬくかった
からだじゅうも　ぬくくなった
もっとたたいてみると　おかあさんが「もういいよ。うちゅうたをうんでよかったわ」

とさいごにいいました
（「教室でいっしょに読みたい綴り方」より」）
「あなたを産んでよかったわ」という言葉は、親から子への一番の宝物です。

■お母さんとお父さんのいけん　3年　よしあき

ぼくが詩を書く前に、日にちを見に行こうとした
見に行ったら、おとうさんが
「そんなにべんきょうしたら、頭がアホになんで」と言った
お母さんに言うと
「アホになるほどべんきょうしてほしいわ」と言った
お母さんとお父さんのいけんはいつもちがう
（「教室でいっしょに読みたい綴方」より」）

大阪の父ちゃんと母ちゃん、ゆかいです。笑い声まで聞こえてきます。

■ラブレター　5年　奈津美

母が小さな引き出しをせいとんしていた
「なにしてんの」
と言いながら、引き出しの中を見た
「あっ、なにこれ！」
引き出しの中に四つ折りにした手紙があった
開いてみると「愛する優子へ」と書いてあった
「愛する優子へだって」
と言ったら
母が顔を赤くした
お父さんもお母さんにラブレターを書いたんだ
愛する優子へだって
キャー
わたしも心の中で顔を赤くした
（「年刊児童文詩集」より）

私も懐かしくなって顔が赤くなってきたわ。

■「先生きいて」　1年　こういち

おばあちゃん　もうな
ちもないし
めもないし
みんなない

ほねもやいてもうてん
あつうなって
はしで　おとうさんが　とったん
ぼくのおかあさん　ないとった
なんか　バスでつれていったん
バス一だい
タクシー　一だい
ぼくのくるまも　一だいでしょ

みんな　一だいばっかし
（「書くこといっぱい」より）

家族の生も死もきちんとみつめさせたい今です。

古い帯を使って自分で表装　これも楽しいな（アザミ）（30×105）

第10話

人って変われる

■未熟児で生まれ

私は生まれたときは未熟児で、産婆さんが「大阪のおにぎりくらい小さくて、体重を測るのは気の毒だ」と言って、測ってもらえなかったとか。

1週間ぐらいの命とも言われ、家族には心配ばかりかけました。元気に生きてと祈る母におんぶされて、鍼治療に通っていた幼い日のことをかすかに覚えています。新しく何かを食べさせると、必ずといっていいほど水状の下痢で、よくもまあ生きていたものだ、とたびたび母から聞かされたものでした。

幼稚園の頃は、仲良しの友だちと一緒じゃないと行かない、と登園をしぶったようです。小学校に入ってからも、3月末の早生まれで身体は小さいうえに、勉強もよくわからなくて、教室の隅で小さくなっていました。自分から進んで発表したことなど一度もなかったのではと思います。自信がないし、恥ずかしがりでしたから。

我が街、泉北ニュータウン　上神谷米が実る（水彩はすべて6号）

それでも4年生の頃から、先生や友だちにあこがれ、先生のように美しい字が書きたいとか、あの友だちのように素敵な絵を描きたいという気持ちは出てきました。

こんな私でしたから、教師になってから、黙って目立たない子、発表ができない恥ずかしがりの子、わからなくて悲しい思いをしている子などがいつも気がかりでした。だから強制したり、怖がらせて追い込むような〝狂育〟はなじめませんでした。

こんな幼少時代でしたが、誰に期待されるでもなく、追い立てられるでもなく、ゆっくり育っていく私を静かに〝そのうちなんとかなるさ〟と見守ってくれていた家族や学校があったことが、今日の自分を作ってくれたのだと思っています。

■吉野川の流れとともに

私は徳島で生まれ育ちました。長男が物心ついた頃、故郷へ帰ったとき「母さんの川、みどりの川や」と言ってくれた吉野川のほとりの村です。

両親は百姓で、土とともに生きてきました。子どもを遊びに連れて行くとか、誕生日を祝うなどの余裕もない働きづめの人生でした。

しかし、私は、親や祖母の愛情をうけながら、大きな自然の中で実にのびのび、自由に、暇な時間をもて余しながら野山を駆けまわっていました。どこでも遊び場があり、自分の居場所があったのです。川の流れや風の音、草花の香りも、自分の命の流れの中にぴったりとおさまって、私の感性を育んでくれたようです。

学年が上がるにつれ、おてんばぶりを発揮するようになり、「木登り名人」で、村の人からはよく「嫁の貰い手がなくなるぞ」と忠告されていたものでした。「ほっといてー、ここからの眺めは最高じゃー」と木のてっぺんから大好きな吉野川を眺めて舌を出していました。（しかし、やっぱり学校では、手もあげられない子でした）

相変わらず成績は大したことはなくても、「勉強せよ」とも言われませんでした。しかし、ていねいに書いたノートや習字を大切に残しておいてくれていた母の姿を見て、少しはがんばるかと思ったものでした。

病弱だった私が、小学校を1日も休まず通えたとは驚きです。いえ、少々体調が悪くても、学校に行けばそのうち治ったから不思議です。

■大人に干渉されない時間を

地位や名誉、家柄などが何よりも重視される封建制の色濃い農村社会の中で、私は、小さい頃からそういうものに反発を感じて生きてきました。そして、ヒューマンなことに憧れていたので、本の好きな先生や自由詩を書く友人、プロレタリア短歌の歌人、橋本夢道《はしもとむどう》の血につながる絵の好きな友人、そして書の達人であった父や、花を愛する母からも生きる楽しみをもらい、さらには、人形浄瑠璃、藍染、焼物など、そういう地域の文化が自分の命の根っこを作ってくれているようです。

こんな私が69年生きてきて、何よりも健康を手に入れ、あの恥ずかしがりが、今は何百人もの前で講演をして全国を飛び回っているのですから、人間って変わるんですよね。

それは、何よりも子ども時代を子どもらしく、のんびり、ゆったり過ごせたからでしょう。大人に干渉されない時間を今、子どもたちに取り戻してやりたいです。

第11話 大地震・津波・原発のあの日から

■前を向けるように

福島県の先生方が編集した子どもの作文集が送られてきました。

「終わらない原発災害の渦中にある私たちは、未だ前を向けない重苦しさにともすると心が打ちひしがれそうです。でも、その中で生活を再建し、教育活動を前に進めようと懸命な努力」をなさっている先生方の手で、編まれた文詩集です。目をそむけたい事実ですが、そのことをみつめ、胸にある怖れ、不安や心配を吐き出し、受け止め共有することで、少しずつ前を向けるようになってくれたらと願ってのことでした。

■大じしんとほうしゃのう　1年　まさと

3月11日しんさいがあった。いえについたとき、いえのれんががわれました。おちゃわんがいっぱいわれていました。パパのトロフィーがこわれていました。そして、でんきやすいどうがとまりました。もうこんな日はいやです。
　1ねんせいになったら、ともだちもふえました。るいくんやれんくんや、はるとくんやたけるくんやゆいとくんとあえました。

筆や墨で遊ぶ気分　花の包み紙を利用して自分で表装（60×65）

　さいしょにたけるくんがてんこうしました。つぎに、ゆいとくんがてんこうしました。ほうしゃのうがいちばんきらいです。だって、ほうしゃのうで、ともだちがてんこうしたり、そとであそべなくなったりするからです。ゆきがふっても、たべられません。

　家がこわされ、友だちと引き離され、外で遊べなくなって、放射能が一番きらい。あの真っ白な雪だって、もう食べられないよと一年生の子の心の叫びです。

■祖父の桃　中学3年　勇輝

事故から1カ月、「風評被害で福島の野菜や果物が危ない」と言っていた。69歳になる祖父は、果樹園（桃とりんご）を営んでおり、ニュースを聞いて、祖父のところはどうなのかと気になった。

ぼくは夏休みに手伝いがてら、祖父の話を聞きに行った。夏は、桃の収穫、出荷の時期だ。ぼくは、祖父が採った桃のかごを車で運ぶ手伝いをした。本当に重くて大変な仕事だ。その後、ぼくは、祖父と叔父に風評被害について、おそるおそる聞いてみた。

祖父は頭をかきながら「今、福島のものは打撃を受けている。だから、売上げが落ちるのはしょうがないことだ。今自分にできることをやるだけだぞい」と言った。ぼくは、とても心が強いなと思った。その一方で「原発事故で、これから大丈夫なの」と聞いてみた。「規制値を下回っていても、何年後かに放射能が土壌から根に侵食して駄目になる可能性があるんだぞい」と言った。（中略）

ぼくは、今年の果樹園の大変さを知った。桃の糖度は去年と同じくらい高く、甘くおいしい桃なのに売れ残り、選果場にはたくさんの桃が運ばれていくところを見た。インターネットでも福島の桃を批判する書き込みが多く、他県の人々に「がんばろう福島、がんばろう東北」と言われても納得ができない。

原子力発電所の事故のせいで、福島県民のみんなが困っている。生産者にとっては、大変なときだ。しかし、何年かけても福島が復興し、今までどおりの生活が戻ることを願っている。そのためには、ぼくたち若い世代が、未来を切り拓いていくという強い意志を持って生活していくことが大事だと思う。今一番伝えたいことは、日本中のみなさんに、福島の桃、おじいちゃんの桃を笑顔で食べてもらいたいということだ。


福島の苦悩を祖父の苦しみを通して、わがことととして受け止め、未来をどう切り拓くかを真っ直ぐに考える中学3年生がたのもしいです。

そして、こんな大学生もいます。

「私の夢は、この福島県の教師になることです。そのために今大学で学んでいます。私は、子ども時代、ソフト、鬼ごっこ、虫捕りをしました。今、子どもたちは外で遊ぶことができません。子どもの権利が侵されています」

明日に希望をつなぎ、たくましく育ってきている子どもや青年たちの姿にふれ、私たちに何ができるのか、何をしなければいけないのか改めて問いかけられています。

第12話

子どもの絵も「生きてる証」

■生活を描く子どもの絵

斎藤公子さんの保育理論に学び、豊かな保育実践を展開している保育所が、日本全国にたくさんある。その保育理念は「子どもは遊びの天才と言われますが、その才能を発揮するためにはゆったりとした時間と空間と仲間が必要です。しかし、開発により遊び場は奪われ、習い事などにより遊ぶ時間もどんどん少なくなっています。そのため、昔は存在した子ども集団は、小さくなり消滅していきました。子どもは日常的な自然体験や異年齢集団の中で遊ぶ体験を通し、さまざまなことを覚え、創造する力を身につけていきます。（中略）私たちは、自然環境のある立地を求めて園舎を建て、自然が生活の中にある保育を展開し、本物に触れることを大切にしています」（保育カレンダーより）とある。

そんな本物の自然とかかわって、身体を通して得た自己表現（とりわけ絵の表現）を

6歳2カ月の男の子（2年11カ月保育）川登保育園（島根県）

大切にしている保育実践に心ひかれてきた。毎年、子どもたちの絵がカレンダーになって私たちの手元に届けられる。私は「生活を綴る」言葉の教育を中心に研究、実践してきたが「子どもの絵」による生活を描く実践も、大変大切だと考えてきた。

さあ、子どもの絵を見てほしい。

◆　◇　◆

ウミネコにエサをやっていたらトンビに奪い取られた6歳の子の絵の話をしたい。太陽も雲もウミネコ、トンビも灯台だって命にあふれているではないか。人の表情がまたいい。自然に抱かれ、身体をめいっぱい動かし、安心の懐で、豊かな感性がはぐくまれてきたからこその絵だ。空の高みから舞い降りてきてぼくの手からエサをかっさらっていった2ひきの黒いトンビ。生きるもののすさまじいまでのたくましさ。その実体験が、この力強い線を生み、美しい色とピタッと決まった構図を生み出している。下手な技術やバーチャルな世界からは、とうてい生まれない。まさに母親の言葉どおり、大人になることを急がせず、子ども時代のその今をめいっぱい輝かせて生きている姿がここにある。これは、まさに「生きている証」そのものだ。1枚の絵を例に取り上げたが、これは、どの絵にも共通している。

6歳3カ月の男の子（2年11カ月保育）高取保育園（福岡県）

■人が育つとは

そして、卒園した子どもたちが1年生に入学してくる。子らの言葉と絵は、かけが

6歳3カ月の男の子(5年11カ月保育)くるみ共同保育園(大阪府)

えのない自己表現。宝物を拾うように大事に受け止めてきた。丸三つの絵にも、深い意味がある。「せんせいきいて。もうお母さんに会われへん。いっしょに王将行かれへんネン」とその絵の中にある話をしてくれるたけし。絵の中には、その子の暮らしがあり、喜びや悲しみ、淋しさや願いが詰まっている。それを読み取り、共感し、同時に発達課題をさぐっていく。上手下手などという評価の目で絵や文を見ることを厳に戒めてきた。

勝ったか負けたか、速いか遅いか、できたかできなかったかと成果を急がされ、比べられるこの時代の中で、人が育つとはどういうことなのかをこのカレンダーは語りかけてくれている。時代への警鐘と希望として。

第13話

子どものユーモア初笑い

■おじいちゃん　2年　ゆか

おじいちゃんのたん生日に、「なにがいい」ときいたら、「しずかにして」っていいました。（『子どもの世界』より）

ハハハハ笑ってしまいますよね。たった2行の文なのに思わず笑える子どものユーモアいいなあ。

夏休み明け、1行日記を読んでいました。

◆　◇　◆

7月21日つりにいく。魚はつれなかった。
7月23日つりにいく。魚つれた。
7月24日つりにいく。魚がいっぱいつれた。

友達の智香子さんと絵手紙をかく

…8月1日つり、おこられた。
8月2日つり。ぜんぜんつれなかった。
8月3日つり。つれすぎておこられた。
8月4日つり。がんばったけどつれなかった。
…8月21日つりにいって、はまった。
8月29日つりにいく。横の人がいっぱいつってた。
（4年　かおと）

◇◆◇

職員室で読んでいた私は、笑いころげてイスから落ちそうでした。つり、つり、つりとよくまあ毎日たいしたもんだ。続けて読んでいくとなんだかリズムに乗っていくようで、ますますおもしろい。お母さんは「勉強せんと毎日毎日つりばっかりで」とカンカンに怒っていましたが、これがまたおかしくて、しまいには母ちゃんも苦笑い。

次に学童保育に通う1年生。どんな子に育っていくのでしょうね。

うんこ

がっこうから走ってかえって、うんこをしました。パンツをぬいだら、いきなりニューとでました。ながいなあとみていたら、べんじょのさきまでありました。大ごえでおかあさんをよんだら、ヒャーといってびっくりしていました。おとうさんのチンチンよりすごくながいです。ぼくは、よるまでながさなかった。

おねえちゃんもびっくりして、ものさしではかってくれたら30センチメートルもありました。

◇◆◇

家族の笑い声がここまで聞こえそうですよね。「お母さん長いうんこが出たよ。来て」と言ったとき、「今忙しいんだから流してしまいなさい」と言えば、もうこの話も一巻の終わり。ヒャーと言ってびっくりしてくれる母ちゃんがいいなあ。笑いが生まれるいい家族です。

私の友人のクラスの２年生の京しろうくんの日記です。

■いのこり　２年　京しろう

いのこりいやや。だってあそべへんから。先生もむっちゃきびしくなるしいや。いのこりめんどい。そのとき、なんでおれがこんなんしなアカンのと思う。いや、なおし、いやや。いのこり先生と２人きりやしいやや。帰ったらママにだされていわれたことあるからいやや。先生やけにスイッチ入るからいやや。いのこり帰りみち同じ人いいひんで、１人やしいやや。いのこりいやや、先生うるさいしいやや。むっちゃ帰んのおそなるしいやや。もんくいいたい。もんくいいたいし、いまいう。先生のバカー！いいおわったらスッキリした。先生、ごめん。

◇　◆　◇

なんともかわいいですよね。先生にバカーって言えて笑い合える関係がいいなあ。読むと、クラスのみんなも笑顔。子どもはこんな時に育つんでしょうね。

わが子が保育園の３歳児頃だったでしょうか。園庭を半周まわって走る徒競走のときでした。なんとわが息子、斜めに対角線に走って一番にゴールへまっしぐら。得意げに勝ちポーズ。観客席からは笑いの渦。みんな優しいなあ。母ちゃんは隠れたかったですが…。
最後にもう一つ。

■もっとべんきょうしてちょうだい　3年　愛子

学校の帰り。
はし本大二ろうさんのせんきょの車が走っていた。
手をふったら、大二ろうさんから
「もっとべんきょうしてちょうだい」という声がかえってきた。
わたしは
「じゅうぶんしています」と言いたかった。
（『ココロの絵本』より）

笑うに笑えんなあ……トホホ。

第2章

若者たちに元気をもらって

第14話

信じることから始めたい

先日、作文の会の例会で、青年教師の実践を胸を熱くして聞かせていただきました。

小中一貫校の取り組み、文部科学省研究指定校としての研究発表をひかえた6年生の1年間の実践報告でした。

「6年生は学校の顔、しっかりさせないとあかん。今年は、とりわけ大きな研究発表があるんだから…」という緊張した空気があったと言います。

多忙きわめる現場の中で、ついつい厳しい目線を子どもたちに向けてしまう自分と闘いながらの1年間でした。

■まぁ、いっか

かずおくんの日記です。

「少しのことで父さんに怒られた。ただふざけただけやのに…。その日は、口をきかなかった。次の日、『おはよう』って勝手に言ってしまった。『ごめん』って言えなかったけど、まぁ、いっか」

こんな子どもの作文を読んで、自分を取り戻し、毎日反省の日々だけど、「まぁ、いっか」と自分を励ましてやってきたと言います。

ゆみの作文です。

「この前、通信のはじめらへんを見ていた。日記や作文を見ていたら、お母さんが来たので話しました。（中略）

まゆがゆういちと青井に算数を教えてた時のことや、かずちゃんの意味のわからんおどりとか、かずちゃんがイスや机をなおしたこととか、田村が国語の一番初めの見出しをつけた時の経験者のように書いたこととかいろいろ

俳画のような作品もときどき楽しむ

話しました。母は大笑い、『アハハハ』と笑っていました。本当、結構笑っていました」

母親が病気で、友達関係もうまく作れず、遠足にも行けなかったゆみが、1年間の通信を母親と読み直して、2人で笑っている、お母さんが大笑いしている。通信を出し続けてきて良かったなあと実感すると言います。作文教育を続けてきたことで、ゆみの心の中がみんなに見えてきたのです。

親の暮らしに心寄せ、親たちの苦労のわかる青年教師、山口先生です。山口先生は、子どもたちの日記や作文を通信にのせて読み合う日々を重ねることで、子どもたちのつながりが深まり合っていくのを実感していきます。

■怒鳴らない運動会

6年間で最後の運動会、周りからの見栄えが気になり、大声で怒鳴りまくる運動会。山口先生は「子どもが主人公の運動会を！　怒鳴らない運動会を心がけました。何よりも子どもを待とう」と。

なんと地域の方から「今年の組み立ては、練習からずっと、先生の怒鳴り声がなく、見ていてとてもすがすがしくて良かった」という声が届いたのです。

運動会当日、最後の全員ピラミッドが成功した時、山口先生は、壇上から思わず「みんなありがとう」と叫んで泣けてきたと言います。

「周りに良く見られよう、評価されようとする教育は破綻するということです。研究発表が近づくにつれ、先生は、子どもに管理の目で厳しくなります。子どもを追い立てて追い詰めます。専科の先生が『発表前の1年間、子どもたちから表情が消えていた』と話していました。いったい教育って何なのか。教える側の満足で終わってしまっていないだろうか。結果を求められる現場…。この1年間、何度も周りのプレッシャーに子どもを厳しくしつけないと…、でもいいやと思いとどまらせてくれたのは、子どもたちの作文があったからだと思います」とレポートの最後を結んでいます。

彼の話には、職場の同僚のことがよく出てきます。失敗も迷いも気軽に話をしていて「いいよ、やまちゃんらしくやったらいいんや、大丈夫や」と励ましてくれるのです。乗り越えられる大きな力になりました。

そして、支援学級の子が厳しく叱られ、引きずられていくのを見て涙し、またある子のお母さんが「うちは、この子にお金かけられないし、学校で勉強のことほんまにお願いします」といわれ、親の思いに思いを馳せ、教師としての自分のすべきことを悩み考え、実践を重ねているのです。

大阪の青年教師に拍手です、ホンマモンです、逆風の中でもへこたれていません。

第15話

学びたい青年教師たち

■ＯＬから輝く教師へ

ＯＬをしていた若い女性が、ひょんなことから図書館で1冊の本を手にしたのです。拙著『子どもたちに表現の喜びと生きる希望を』でした。彼女は、その本を読んで心を動かされたようで、教師になろうと心を決めたと言います。そして、教育の現場へ！しばらくして、彼女は、京都から大阪まで私たちのやっている作文教育の研究会に学びに来るようになりました。優しい目線で子どもを捉え、実に豊かな教育実践を展開していくのです。今では、私の方が彼女の実践に学ばせていただいているほどです。

さて、この夏、彼女から「京都の教育もなかなか厳しく、作文教育一つとっても技術的で管理的な教育がはびこってきていて、胸が痛いです。私のまわりの若い先生に、教育って、もっとおもしろく、自己を表現する作文教育がこんなにすばらしいものだと何としても伝えたいので、先生、話に来てくださいませんか」という電話です。

近所の方が毎年くださる　命がいっぱい詰まった石榴

口調こそ柔らかいのですが、熱がこもっていて、こちらにビーンと響くものがありました。まあ、それでも個人の先生が、まわりの方を集めるのだから、7～8人くらいの小さな学習会だろうと出かけていきました。

少し早めに着いたのですが、なんともう若い先生たちがたくさん集まっていて、思っていた以上に広い部屋に熱気がただよっているのです。うわあ、すごいと驚いていたら、いやいやまだまだ来るわ来るわ、次々と若者が駆けつけてくるのです。あっという間に会場いっぱいになり、こりゃあどうしたことだと本当にびっくり。

■熱気あふれる学習会

2時間近く教育講座をしたのですが、身体を前のめりするようにくらいついてきて、目を輝かせて学ぶ若者たちに熱いものがこみあげてきます。

一人の人間の熱い想いと粘り強い行動は、人をこんなにも動かすのかと改めて感動しました。そして、何よりも彼女の子どもへの向かい方を見た同僚たちが、なぜあんな仕事ができるのか知りたい、学びたい、私も輝いていい仕事がしたいと憧れのような気持ちを抱いて集まって来たのです。

こんな感想がありました。

「今、正直、子どもや親とどう向き合っていけばいいのかわからなくなり、暗闇のトンネルの中といった心境でした。こんなの初めての経験です。どうしていいか焦ってばかりでわかりません。そんな時、この学習会にさそっていただき、子どもたちの温かい話を聞いて、泣けてしかたがありませんでした。クラスの子らの顔が一人ひとり浮かんできて、なんだか自分の気持ちまで温かくなりました。作文教育っていいですね。

できることから始めてみたいです。またこんな学習会をしてほしいです」

「今日、朝から夕方まで、教育委員会主催の研修会でした。疲れて参加しましたが、なんと、来た時より元気になることができました。いろいろなものを背負って生きている子どもたちを受け止めて、思ったことを何でも言い合えるようなクラスを作っていけたらと思います。しんどいことも多いけど、やっぱり素敵な仕事だと今日改めて思います。ぼくも書きたいことを自由に書く作文教育を実践してみようと思いました。早く子どもの顔が見たいです」

この学習会を呼びかけた若い先生のメールです。

「たくさんの若い先生に素敵な種がまかれたことに感動しています。先生が、集まってきた若者たちの姿を見て、今現場は厳しいけど、こうやって学びの場に集まって来る。これこそが希望だと言ってくださったこと、胸が熱くなりました。声をかけたら来てくださって、よかった、よかったと帰っていかれる先生たちのことますます好きになりました。厳しい京都の先生たちもこんなに学ぶ意欲がある！　私にできることは小さいけど、自分のできることを大事にしていこうと今日また改めて思いました。先生、また来てくださいね」

日本の教育は、こんな先生方によって支えられているんですよね。

第16話

釣り竿持って朝礼台へ

■若い先生の嘆き

教師3年目の若い先生から電話がかかってきました。

「今日、懇談会で親にいっぱい言われて明日学校に行くのが怖いです。『うちの子が時計わからんで〝算数がきらい〟と言ってるのに、なんで先生は先、先へ進むのですか』と言われて…。私も必死にやってるんですよ。ていねいにやってたら『あんたのクラスは進度が遅れている』って主任に言われるし…。もうどうしたらいいかわかりません」と泣くのです。

そして、翌日また電話です。

「きのうの話、校長先生に相談しようと思って話したら…あんたの指導が悪いからだと叱られ、親にもう一度お詫びの電話をかけろと言われて…怖くてできません。私、教師に向いてないかなあと…」とまた泣くのです。

墨彩画で年賀状　空晴れて風なし

電話口で怒り心頭！　指導要領が変わって、２年生の新学期に難しい時計の学習をもってくることが第一まちがっている！　それでも、子どもも先生も必死でやっているのに、親からも管理職からも叱られるとは、こんな矛盾があるでしょうか。

こんな時、管理職が「ほんとに苦労かけますねえ、２年生のこの時期の時計の学習は困難ですよねえ。わかりますよ。私の方から保護者の方によく話をしておきますから、元気出して、子どもたちのところへ行きなさい」と言ってくれたら、若い教師は〝やめなきゃいけないのか〟と泣いて、悩んで寝られぬ夜を過ごさなくてもよかったのに！

今日の教育現場で、管理職のありようも大きく問われています。困難だからこそ、チームワークで乗り越えなきゃいけない時なのに、教職員とちぐはぐに…。

■子どもらとプールで釣り

私もいろんな管理職とともに仕事をしてきました。管理者として上から目線で職員を管理するのではなく、最後まで人間教師を貫いた山本先生のことを思い出します。

「なあ土佐さん、ワシが朝礼で子どもらに話したらあんまり聞きよれへんなあ。あんたが話し出したら、なんでよう聞いとんやろなあ」と、なんと率直で謙虚な方なのでしょうね。私も素直に言いました。

「先生が話をなさる時、説教することが多いから聞かないのとちがいますか。今度、先生のお好きな釣り竿を持って行って、釣りの話をしてみはったら聞くと思いますよ」

ある月曜日の全校朝会でした。なんと、校長先生は釣り竿をさげて朝礼台へ。何も言わずとも、子どもたちの目線がさあっと集中しました。大好きな釣りの話ですから、生き生きと語られるのです。「校長先生、花丸ですよ」と言うと何とも嬉しそうな笑顔。

すばらしい校長でした。図工がお得意で、子どもたちの絵を見せると、一人ひとりにコメントを書いてくださり、川柳を作るとまた、子どもたちに批評を書いてくださるのです。学級通信が100号になった時は、励ましの手紙をくださったりもしました。

その校長が退職の年でした。

「なあ土佐さん、ワシ夢があってなあ、最後に子どもらと学校のプールに魚を放って一緒に釣りがやりたいなあ」と言われるのです。えー、それって無理や…と思ったのですが、釣りの好きな夫に話すと「やったらええやん。大阪市のど真ん中の学校で、そんなんできたら楽しい風物詩や」と言うのです。

なんだかその気になって、先生方に話を持ちかけると、えーっと言われるのですが、「先生方には負担はかけない。校長がみな用意するらしいし、いつどこの組が来てと言えば連れて行って、プールに落ちないように見てくれたらええだけや」と話すと、しゃあないなと同意してくれたのです。先生方も素敵ですよね。

「火曜日の2時間から始めます。まず3年1組がやります。3時間目は3年2組です」という具合に…。魚たちには大変申し訳ないことをしましたが、子どもたちが歓声を上げ、大喜びしたことは言うまでもありません。

そして、校長先生は、これを大切な思い出にして退職されていきました。人間の風が吹く職場であれ！

第17話

教師めざすある学生の悩み

講師をしている大学で、受講生の男子学生が「先生に聞いてほしい話がある」と言ってきたのです。昼食でも一緒にとりながら話そうか、と声をかけました。恥ずかしそうに、ためらいながら、とつとつと胸の中から言葉を吐き出すように語り始めました。いじめを受けて苦しんできたのです。いえ、辛かったのに加害者にもなってきた、と言います。そんな自分が許せなくて「ぼくなんかに、先生になる資格はあるでしょうか…」と。誠実な学生でした。

翌日、便りが届きました。

「今日は、いろいろと話を聞いてくださり、本当にありがとうございました。いじめの話は、今まで誰にも話したこともなかったですし、話すことができずにいました。というのも、いろいろされてきたことが本当に嫌だったことと、自分が今度は加害者になって、みんなと一緒になっていじめてしまったことに対するうしろめたさ、恥ずかしさか

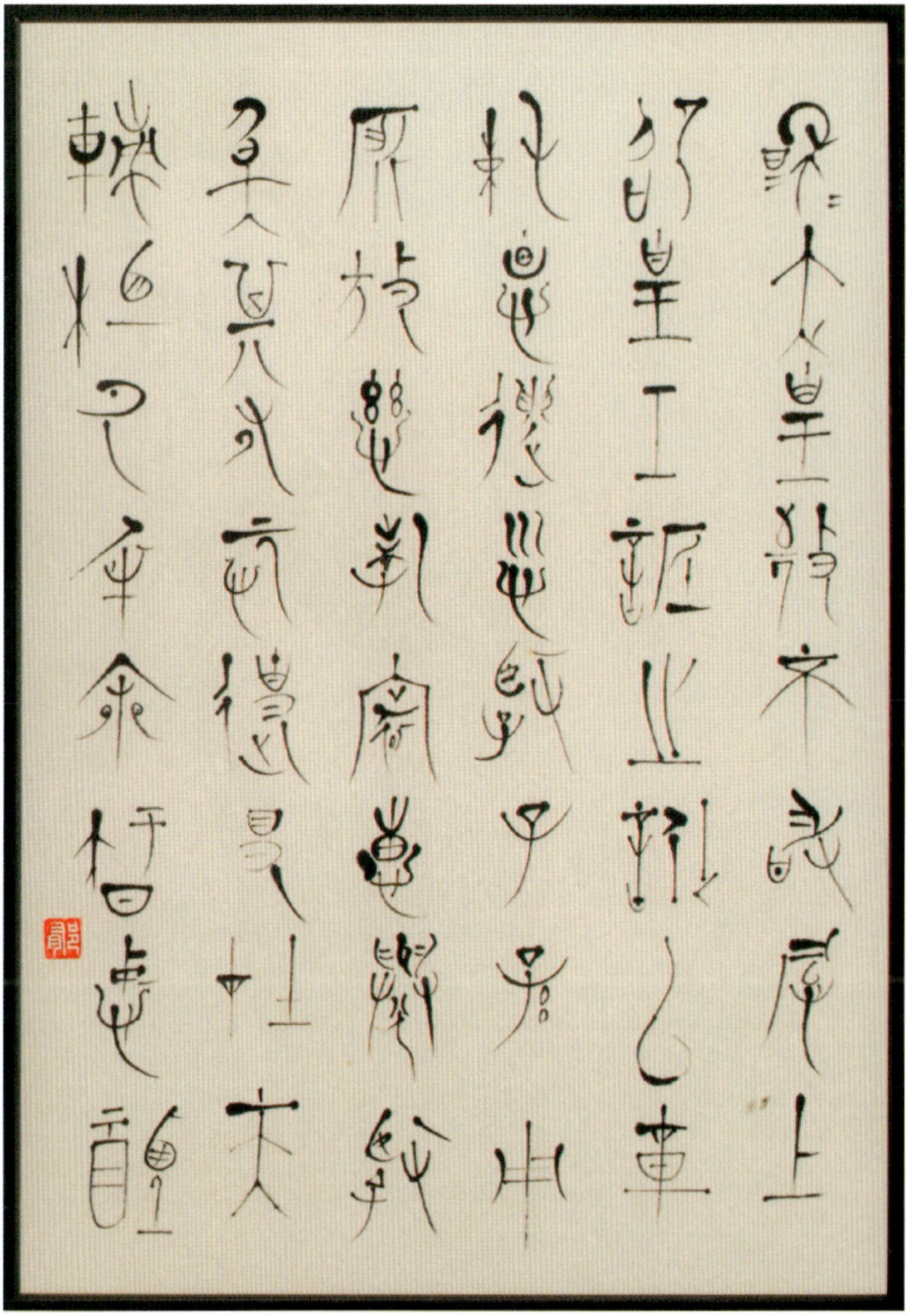

中山王方《ちゅうざんおうほう》壷《こ》銘《めい》（中国の金文）
デザインみたいでおもしろい（竹で書く）

ら言い出せなかったのです。しかし、言い出せないが故に、とても辛くもありました。誰かに言いたかった、誰かに相談したかったです。

ずっとそのことで悩み続けていたとき、先生と出会いました。先生の講義を聞いていると、子どもたちと向き合い、悩み、葛藤しながらやってこられたということが、ひしひしと伝わってきて、自分が素直になれました。

そして、今日時間をとって話を聞いていただけて、とても楽になりました。話を聞いてもらえるだけで、気持ちが楽になると言いますが、本当に楽になりました。先生がかけてくださった言葉の一つひとつがとても優しくて心に残っています。先生が言われた通り、ぼくは一種のストレスの発散対象だったのかもしれません。

小学校の頃、無視や悪口ですんでいたのが、中学校になってもっとひどくなりました。物を隠され、水をかけられ、制服のセーターが黒板消しではたかれ汚されたりもしました、真っ白になるまで…。その時は言葉を失いました。親がこれ見たら何て思うやろ…と思うと、なんとも言えない気持ちになったのを昨日のことのように覚えています。…（中略）…この3年間ほど辛いものはなかったと思います。学校へ行く足が重く、学校へ行くのが本当に辛かったです。保健室へ仮病をつかって逃げ込みましたが、親にバレて叱られ、ぼくの逃げ場はなくなってしまいました。

なのに、いじめの対象がぼくじゃなくなった時、ぼくもいじめに混ざってしまったことを今すごく後悔していて、こんなぼくは教師になる資格があるのか、いえ、なったとしても何と子どもたちに言えばいいのか…とずっと悩んできました。

しかし、今日、先生が『そういうことを悩んできたことが誠実だ。その経験はきっと役に立ち、あなたを先生にしてくれる』と言ってもらえて胸のつっかえが取れました。ぼくは、すばらしい教師にはなれないかもしれません。しかし、先生のように生徒と向き合い、生徒をしっかりみて、一緒に悩んであげられる教師になりたいです。

今日話を聞いていただき、ぼくはこのままでいいんだと思えましたし、自分をもっと大切にしたいと思いました。本当に助けていただきました…」

◇◆◇

本当に誠実に生きている青年です。昼食を食べながら話を聴き、少しばかり声をかけただけなのに「助けてもらえた」「自分を大切にしたい」と言ってくれるのです。

しかし今、子どもたちも青年たちも、「心から話を聴いて」ということを切実に願っているのだと改めて実感したことでした。

こんな青年が未来の教育に夢をみて、いい教師になりたいと学んでいるのです。退職後のバトンを安心して手渡せるなあと思ったことでした。

第18話

いじめを乗りこえて

■2人に1人が被害経験

大学生に「教育問題で最も関心のあること」を聞くと、ダントツに多かったのは「いじめ問題」であった。そして、彼らに自分のいじめ体験を書いてもらった。

2人に1人は被害経験があり、3人に1人は加害体験があった。今も心に傷を負って生きている人も多かったが、これを乗り越え前を向いている体験に励まされた。よく書いてくれた。書くことでまた自分を励ましてもいるのだ。

■友だちに救われて

「自分は、中学の時、女子グループにいじめられた。でも、このことは人生の要となっている。小学校の時、自分は一番強いグループに。中学でも強いグループで、優越感に浸っていた。『ケンカ』と位置づけ、何人もの子をいじめていた。怖いもので、その時、これが『いじめ』だなんて全く思っていなかった。今思い返すと完全に『いじめ』だ。ひどいことをしてしまった。でも、リーダーが怖くて逆らえなかった。そのうち、ついにターゲットが私にまわってきた。学校に行きたくなくてメールや電話で何度も呼び出されては『謝れ』と。ＳＮＳにはあること、ないことを書かれた。辛かったです。そんな時、たくさんの友達に救われた。一人じゃないんだと。ところがターゲットはまた次の人へ。私は助けてあげようとは思わなかった。『バカだなあ』と見ていた。そしたら、私に以前のことを泣いて謝ってきた。『これだな』と思った。『いじめ』の辛さを学べばいいと思った。私は、この経験を通して本当に大きくなったと。その分、人生に少し冷めてしまったが…。今の自分がいるのは、いじめられた経験があったからかなあと。異例ですが、いじめが人生のターニングポイントになった」

地域の仲間と毎朝ラジオ体操をする御池公園

■先生に支えられて

「今では思い出したくない過去だ。小学校高学年、中3、高校の時に経験した。私の家は、勉強、勉強、小さい頃から勉強漬けだった。中3の頃から心理的ないじめを受けた。両親に相談したが『お前が悪い、何もしてない訳ない。全部お前のせいや』といきなり。友にも話をしたが、親からは『友達はお前を友達なんて思ってない。バカやなあとしか思ってないよ…』と。その時から私は『信用』ということばを失くしてしまった。学校には行きたくないけど休むと親に叱られ、どこにも居場所がなくなり、腕に何度も刃物を当てた。その頃、とても辛く、学校をやめるとまで話が進み、毎日泣いていた。しかし、ある時、国語の先生が、私が授業中我慢できずに泣いているのを見て、話しかけてくださった。私は、その先生の元に毎日通いずっと泣いた。すると先生は、私に日記を作らせ『毎日やった勉強、話したこと、学校のこと等何でもいいから書いて先生に提出しなさい』と言った。私は毎朝、先生に会いに行き、帰りにノートをとりに行った。1日だってコメントがなかった日はなかった。長い文を書いて出せば、長いコメントも返ってきた。これをほぼ1年続け、何とか私は立ち直ることができた。私が今もその時も生きてこれたのは、この先生のおかげだ。ものすごく感謝している。私の教育に進みたいという夢は、この先生がいてくれたからだ。先生、私を生かしてくれてありがとうございます」

この二つの体験は、まわりに支えられて辛いいじめを克服した話だが、多くの場合、辛いことを胸の奥にしまって、まだ傷を残したまま今を生きている。しかし、それもまたバネにして。

■辛い体験をバネに

「いじめが原因の精神疾患を持っていて、人が信じられなくなってしまっていたんです。今も時々継続して部屋から出られない時期があります。正直苦しいし、これからの人生でこの症状が自分を苦しめてくるんだと考えると不安もあります。でも絶望はしていません。１００％信じられませんが、仲間は沢山います。いじめた人のことは憎くて憎くて仕方無かった。しかし、いろんなウワサをきくと、みんな意外と苦労している。『ああ人生って平等だな』と。自分のこんな体験をバネにいじめられている生徒に伝えられることは、沢山あると思っている。そして、一人ひとりの感情に寄り添える先生になりたい」

今回のこの学びは将来、教師になった時、必ずや生きてくれると信じている。

第19話

こんな先生にあこがれて

学生たちに「なぜ先生になろうと思ったの」と尋ねると、多くの学生が、あこがれの先生と出会っていたのです。教師という仕事のこわさと同時に、すばらしさも改めて感じています。

■心豊かな教室づくり

一番心に残っている先生は、6年生の男の担任です。教室に昔ながらのおもちゃを置いてくれました。他にも先生が持って来た熱帯魚も飼っていました。私の地域は農家が多いので、生徒がよく家から花を持って来て、教室に飾ってありました。なんだか豊かな教室でした。その先生は「なんでもノート」を作ってくれ、毎日自由にいろんなことを書いて提出しました。日記や手紙なんかも書いたので、悩みごとをきいてほしいとうちあけられもしました。私が教師になった時、めざす学級、めざす先生だとはっきり言えます。

■輪ゴム鉄砲を誉められ

５年の時に、僕自身学級崩壊の原因の一人になり、授業も全く出ていませんでした。授業中、気に入らないことがあれば、急に友人と教室を飛び出し、それを追いかけてくる先生から逃げるといった日々でした。

字の読めない頃の孫がこの字を見て「この子笑ってる！」と

ある時、僕は「輪ゴム鉄砲」を作ったのですが、担任はそれを見ると誉めもせず「危ない」の一点張りで、取り上げられました。

ところが、６年の先生は「お前、これ自分で作ったんか、よう考えて作ったなあ！　僕にも教えてくれよ！　今度大学へ講義をしに行くからとびきりいいのを作ってくれ」と言ってくれました。僕はうれしくてうれしくてたまりませんでした。少しでも視点を変えれば、見えてくるところが違うように思います。この先生のおかげで、僕は、教師をめざすようになりました。

■母のように仲間のように

この先生のおかげで今の自分の充実した人生があると言っても過言ではない先生、その人は、小学3年から6年生までの4年間、音楽を教えてくださった人です。私は、人付き合いが苦手で、友達もおらず、ずっと1人でした。生きている意味がわからなくなっていた時もありました。そんな私に先生は、合唱をしてみないかと声を掛けてくださり、私に歌うことの楽しさを身体で教えてくださり、私に生きがいを与えてくださったのです。その先生は、時には母親のように、いや母親以上に優しく接してくださり、厳しくちゃんと叱ってもくださいます。時には仲間のように一つの音楽を創り上げるために一緒に同じ視線に立ってくださるのです。この先生のような先生になりたいと思い、教職課程をとりました。

■自主性を後押し

高校2年生の時の社会科の先生、生徒の自主性を大切にし、現代社会の授業では、グループに分かれて政治、産業技術、文化を調査考察し、学年全体の前で発表するという活動をしました。この先生は、生徒自らの課題意識から学習を深めさせるやり方で、それは自分にとって大きな経験になりました。学校行事では、文化祭、修学旅行、フィリピンデラサール高校との交流の運営や実行に自分がかかわる中で、生徒が主役になれるような活動を創るために様々なバックアップをしてくださったのです。加えて、現代史の授業は、核兵器の問題、15年戦争の歴史、労働問題などを学んでいく中で、自分の思想形成に大きな影響をうけました。

■本気で怒られて

中学1年の時、いじめをして怒られた。その時に人を見下すことの意味、両面的に相手をとらえること、人として生きることなど、道徳的な面で怒られた。そのことによって、自分が嫌いな相手とは無理にかかわらず、気にせず過ごすことを学んだ。自分は、儒教が好きで、今もいろいろなことを学んでいる。あの先生の説教から今の勉強につながっている。

◇　◆　◇

私も、小学校4年生の時の先生にあこがれたのです。美しい字を書き、本の楽しさ、絵のおもしろさを教わりました。仲良し四人組で先生宅を訪問もしました。その時、私たちを一人前として扱ってくださって、はっとするほど感動したのを鮮明に覚えています。結婚式にはふるさと徳島から大阪まで来て出席してくださったのです。

きびしい教育現場ですが、教師という仕事は、やはりかけがえのない仕事なのです。

第20話

大学生の歌と涙

■15回の講義から歌が誕生

いじめ事件で日本中が騒然としている。いったいあれは、若者のどんなサインなのだろうか。背景には何があるのか、ていねいに探っていく必要がある。

大学の「教職論」の受講生の中にシンガーソングライターをめざしている学生がいる。彼は、200人を超える講義室の一番前にいつも座っていて、私の言葉を一言ももらすまいと真剣に聞き、メモをとり続けている。

尋ねると毎回、今日の講義の中で一番胸に落ちた言葉を拾い上げ、そこに自分の思いを重ねて書いていると言う。15回の講義が終わったら、それを詞にして歌にしてあげると言う。

「それじゃ、ぜひみんなの前でギター片手に歌ってよ」とはっぱをかけた。

彼は言う。「この講義って200人以上いるのに、なぜかみんなつながってるような雰囲気になり、素直に涙を流したり、心開いて自分のことを語ったり書いたりしてるでしょ。ぼくは、それが何かを歌いたい」と。

初恋の人の自転車の籠に花を入れてたなあ

蝉が鳴き出した暑い日、彼は歌ってくれたのだ。

■スナオニナレルバショ

作詞作曲　サブロー

素直になれずに君が　も
しどこかでため息つくなら
ここへ来て　心のままに
その想い　吐き出せば

また同じセリフだ　君の
口から出たのは　色の付い
た「ありがとう」じゃなく
色の落ちた「すいません」

そんな君の胸に
落ちたいくつもの詩は
君の心　彩り
その胸の中　一つ優しさ刻む
「うまく話そう」そんな事じゃなく
大切なことは　語りたい事があるかどうかさ

魔法のような言葉に
君すら忘れていた自分が　顔を出す
そしていつかの　思い出が　解けてく
そこに流れる涙は
あの時　君が堪えていたもの
素直になれるよ
きっとこの場所で

子供の頃なんて

鉛筆と紙があれば
真っ直ぐな心
そのまま　ありのまま
何も曲げずに描けたのに
そう、例えなくても
この世の全てがドラマさ
主人公は君で
誰を責めるも
何かに気付くも　君次第
自分の中の
ホンマモンだけを　ぶつけ合えたら
ニセモノの自分を　砕けるのに

魔法のような言葉に
君すら知らなかった自分が顔を出す
そしていつかの　過ちも　糧になる

忙中有閑　写生にとび出し秋に酔う

たとえ　描いてたものと
今眺める景色は違っても
やさしくなれるよ
きっとこの場所で

「人は、信じ合えない」と誰かは言うが
魔法使いは僕にこうつぶやいた
「一番大切な事は　見捨てない眼差しを忘れない事　それがはじまり」

素直になれずに君が
もしどこかでため息つくなら
ここへ来て　心のままに
その想い　吐き出せば
魔法のような言葉に
君の心が音を鳴らして
生まれるよ　新しい歌

君はその　歌い手さ
気付いてるはずさ　君も
そこには理屈なんていらない
素直になれるよ
きっとこの場所で
繋がる　響きあう
スナオニナレルバショ

◇◆◇

自分に素直になれる場所を、心の中を吐き出せる人を求めている若者たち。人を信じ人とつながり響き合いたい、そして、ありのままを受け入れ、人生の主人公になって生きていきたい、過ちも不充分さもそっくり受け止め、どこかで折り合いをつけて、明日の風景に心ときめかせて生きていきたい、新しい歌をうたいながらと。

心のかぎり声のかぎり歌ってくれた孝文くん、大きな部屋に歌が響き、涙を流して聞いていた学生たち。

またドラマが生まれた。

第21話

ことばの力

大学の授業で「ことばの力」ということを取り上げた。講義の中で、これが最も印象に残ったようで、最後のまとめのレポートにその問題を書いてきた学生があった。

■「ことばの力・伝えようとすることの意味」　大学1回生　美知子

私たちは、ことばを通して自分を表現する。ことばを通して自分の思いを相手に伝えるし、相手の気持ちを知る（「人を殺してみたかった」と事件を起こす人たちは、こんな経験を積み重ねてきたのだろうか）。

私の母は、私が幼い頃から夜寝る前に絵本の読み聞かせをしてくれた。実家には、いとこからもらった古い絵本、買ってくれた本などがたくさん今も本棚に並んでいる。今思えば、私が本を読むこと、ひいてはことばを好きになったきっかけは、母の読み聞かせだったと思う。絵本の心地よいリズムの文章は、自分で口にしても楽しくなった。

どんぐりが
ぽとんと
おちた
おちばが
そのおと
ききほれた

落ち葉を踏みしめ一人林の中を歩く　この静けさが好き

繊細な文章の悲しい物語は、何度読んでも泣いてしまった。

また、小学校の頃、詩の朗読、暗誦を授業でしていた。3年間担任してくださった先生が特に熱心で、毎朝クラスの皆で詩を暗誦したり「枕草子」や「方丈記」といった古典の名作を覚えたりもした。さらに印象の強かったのが「語り」の授業だ。国語の本に載っていた椋鳩十の「大造じいさんとガン」や立松和平の「海のいのち」の語りをした。私はこの「語り」が大好きで、皆の前で発表したりもした。私は「語り」を通して、自分の心の中の世界が広がっていくのを感じたし、もっと自分を表現したいと思えるようになった。

そして、私たちは、いつでもことばの力に支えられていると思う。大学に入り、新たな環境、新たな人間関係の中で、悩んだり迷ったりもした。今でも悩み続けていて、憂うつでふさぎ込んでいる日もある。重い足どりで大学構内を歩いている。そんな時、ばったり友人や先輩に会ってあいさつし、他愛もない世間話や冗談を言う。ただそれだけで心が軽くなることもあるのだ。重い悩みごとのある時は、日記に書き殴ってみたり、本当に信用できる友人に打ち明けてみたりする。それだけで心が整理される時がたくさんあるのだ。大学に入ってから、私は改めて自分の気持ちをことばにすることって意味のあることなんだと実感したし、ことばにすることで何度も救われた。ことばは自分を表現し、他者と結びつけるための一番の手段であると思う。

講義の中でも学んだが、子どもたちのことばは、子どもの自己表現であると思う（「生きている証」だとも）。問題行動を起こしてしまう子ももっとことばを知って、自分を表現する手段を知っていれば、きっと自分の思いを別のやり方で伝えてくれると思う。

本でもいい、歌やアニメでもいい、もっと子どもたちがことばに触れて、自分を表現する幅を広げてほしいと思う。自分が親になった時ひいては教育者になった時、私は子どもたちに本を読みたいし、素敵なことばを贈りたい。

一方で、仮に知っていることばが少なくても、完璧な文章でなくても〝伝えたい〟という思いがあれば〝ことばの力〟を生かせるのではないかということだ。私は手話の講習会にも参加していた。手話はろう者にとっては「ことば」だ。手話をよく知らない私達は数少ない手話や指文字、ジェスチャーを通して相手に伝えようと努力するとそれがわかってくれ、笑顔で応えてくれた。私は、この時「伝えようとすることをあきらめてはいけないんだ」と強く思った。お互いにわかり合うことをあきらめてはいけないんだと。

豊かなことばを伝えようとする思いがあれば、子どもたちももっと自由に育っていけるのではないかと思う。

第22話

障害ある青年に卒後の学びの場を

■ぽぽろスクエアへ

一般の高校生の大学・短大・専門学校への進学率は7割を超える一方、支援学校高等部生の卒業後の進学率は5％程度。とりわけ知的・身体障害を持つ学生の場合は3％未満と言われています。しかし、今、障害を持つ青年たちも仲間とともに学びたいという強い要求が出てきており、親もまた学ばせたいと願っているのです。

そんななか、2011年3月に大阪障害者センターが運営主体となり、松原市に「ぽぽろスクエア」が誕生したのです。願いや要求が運動を創り出し、知恵と力を集めて学びの場を誕生させたのです。多くの需要があったようですが、設備や条件に限りがあり、現在24人が学んでいます。

先日、ここを訪問し、授業参観もさせていただきました。玄関を入ると、人なつっこい笑顔で「こんにちは」と迎えてくれ、何かこちらまでリラックスするような優しい空間がありました。

■フリスビーの授業

今日は体育の授業があるようで、まずは先生が説明するというので、三々五々学生たちが集まってきていました。まだ遅い給食を食べている人ややりたくなさそうな表情で行動を起こさない学生もいました。授業者や他のスタッフも「早く集合せよ」などと声を荒立ててせかすこともなく、その気になるのをゆっくり待っているのです。このゆるやかさが快いのです。

枯れ草を束ね筆にしてえいっと描く（オニは外）

見学に来た私を紹介してくださったので、ちょっとした手品をし「マジョリン」登場。笑顔が広がり「マジョリンさーん」とあちこちから声がかかり、早速仲間に入れてもらった気分になりました。

授業が始まりました。今日はフリスビーの2回目を近くの公園で実施するのです。まずは団体戦なのでチーム分けです。先生がするのかなと見ていたら、「チーム分けどうしようか」と切り出したら、先生は何も指示をしないのに、自然に学年代表の2人が前に出てきて「Aチームに入りたい人」とやり始めたのです。異論をとなえて騒ぐこともなく、ぬけている人はいないかなと細かい心配りもし、あのいやそうにしていた青年にも声かけをして、見事にチーム分けをしたのです。これには、スタッフも感心、少しずつ集団の規律性のようなものが育ってきたのだと言います。

一人の学生が手作りのフリスビーを持って来ていて「前の学校で作ったんやで」と見せてくれました。自分の作ったフリスビーを大空にビューンと飛ばしたら気分がいいだろうな。彼に作り方を教えてもらい、マイフリスビーを今度作ってみたい、と授業者も思ったようです。

さて、公園までおしゃべりしながら移動しました。簡単な準備運動をし、ひと通り練習するとチームごとに整列。記録係を買って出た学生が順番を読み上げ、スムーズに進んでいくのです。

ひょっと見ると、一人の男子学生が、公園の周りを時々みんなの姿に目線を向けながらもぐるぐる歩き回っているのです。こんな参加のし方もOKなのです。仲間たちは、彼のことを無視したり、なじったり、せき立てたりもせず、優しい目線を送りながら、出番のときはやって来るだろうと時々声かけをして待っているのです。

暑いので木陰にいた私の方を向いて「マジョリン行くよー」と声をかけてから飛ばす学生もいて、なんともかわいいです。

マイフリスビーを作ってきた学生が、私にこれを貸してやるからやれと言うので、やらせてもらったのですが、私は下手でした。ところが、彼がやったら飛んだのです。あのときの爽やかな抜けるような笑顔は忘れられません。

こんな学びの場があって、仲間と共に喜びや悲しみや不安も共有しながら育ち合っていく様を目の当たりに見せてもらったのでした。

さて、それから教室へ帰って反省会と結果発表です。両チームなんとわずか5点差のみごとなチーム分けでしたね。先生は、フリスビーに消極的だった人や遅れてきた人の出番を作ろう、とトロフィーを渡す係をお願いしたところ、嫌がることもなく、その役を果たしてくれたのです。

ここにも学生の力を信頼し、学生の今に寄り添いながら、彼らの自立を支援する姿があり、私もまた爽やかな1日になりました。障害のある青年たちの自立支援の場がまさに今求められていることを改めて実感したことでした。

第23話

詩が心の扉を開いた

作家、寮美千子さんの話を聞く機会があった。

明治の名煉瓦建築である奈良少年刑務所を一般公開日に訪問したことから、このドラマは始まる。その日、受刑者の作品に共感した寮さんに更生教育の講師の要請がきたのだ。受講生は、強盗、殺人、レイプ、放火、薬物違反者だという。怖気づく寮さんに熱いコールが送られ、根負けして引き受けることになったのだ。

■やさしさが教室に溢れて

絵本を読んだり、詩を読んだりの授業が始まった。そんなある日、「みんなも詩を書いてみようか」と誘うが、何もないと言う。「いいんだよ、何でも…。好きな色についてでも書いてください」

すると、祐くんは「ぼくのすきな色は青色です。つぎにすきな色は、赤色です」と書いたのだ。

あまりにも直球、どんな言葉をかけたらいいのかと戸惑っていたら、「ぼくは、祐くんの好きな色を一つだけじゃなくて、二つ聞けてよかったです」「ぼくも同じです。祐くんの好きな色を二つも教えてもらってうれしかったです」

それを聞いた寮さんは、熱いものが思わずこみ上げてきて言うのだ。「世間のどんな大人が、どんな先生が、こんなやさしい言葉を祐くんにかけてあげることができるでしょうか」と。こんな優しい素朴な子たちが、どんな罪を犯したんだと煩悶するのだ。

「くも　空が青いから白をえらんだのです」

こんな一行詩を書いたのは明くん。「省略の効いた、なんと美しい一行詩だろう」と驚く寮さん。作者に読んでほしいと言うが、薬物中毒の後遺症のある彼は、うまく読めない。何度かやり直してもらい、やっとみんなに聞こえるように読めたのだ。そのとたん、大きな拍手が湧いた。

新年に筆をとる。今年もいいことありそうな

そして「ぼく話したいことがあるんです」と言って、堰を切ったように語り出したのだ。

「ぼくのお母さんは、今年で七回忌です。お母さんは、体が弱かった。けれど、お父さんは、いつもお母さんを殴っていました。お母さんは、亡くなる前に、ぼくに『つらくなったら空を見てね、わたしはそこにいるから』と言いました。ぼくはお母さんのことを思って、この詩を書きました」

あまりの話にあっけにとられていた寮さん。すると、受講生から次々に手が挙がって「ぼくは、明くんは、この詩を書いただけで、親孝行やったと思います」「ぼくは、明くんのおかあさんは、きっと雲みたいにふわふわでやさしい人かなって思いました」「ぼくは、ぼくは…」と言いよどんだ子は「ぼくは、お母さんを知りません。でも、この詩を読んだら、空を見たら、ぼくもお母さんに会えるような気がしました」と言って、わっと泣き出してしまったというのだ。

■受けとめてもらうだけで

一人の受講生の心が詩で開かれ、次々に仲間の心が開かれていく。「教室にやさしさが溢れ出して奇跡だと思いました」と寮さん。聞いている私たちも涙が溢れ出てくる。

寮さんは続ける。

「この奇跡は、教室内にとどまらず、刑務所に入ってから自傷行為の絶えなかった、母を知らないその青年は、この日を境にぴたりと自傷行為が止まった」というではないか。そして、笑顔まで出るようになったという。寮さんは、著書の中でこう結んでいる。

「自己表現をする。それを聞いてもらう。受けとめてもらったと実感する。それだけで人はこんなにも変われるものだと知った。押し殺していた感情が芽生え、うれしい、かなしいがわかるようになる。やさしさが自然と溢れてくる。人を殺した者の中に、こんなやさしさがあるのかと驚いた。人間とは捨てたものではないと思った。心を開くと、人の気持ちを思いやれるようになる。そうなってはじめて、彼らは罪に向き合うこともできるようになっていく」

これは、まさしく私がずっと実践してきた生活綴方教育そのものではないかと大きく手を打った。

夕べ、東北の被災地の中学校で生活を綴る実践がテレビで紹介されていた。自分と向き合い、心の内の本当を吐き出し、それを仲間と共有しながら育ち合っていく実践の記録だ。ここでも作文教育の出番しきりだった。

＊参考文献　寮美千子著『空が青いから白をえらんだのです』（新潮社）

第24話 いっしょに笑い、いっしょに泣き

梅雨の晴れ間、太陽が照りつける中、子どもの手を引いた親たちが朝から集まってきています。子ども向けイベントか芸能人のパフォーマンスでもあるのか、と思うほど人が集まっています。

大阪経済大学で開催された大阪学童保育研究集会のつどいでした。身銭をきって自ら参加費を払って学びに来た父母や指導員さんたちなのです。この風景を見ただけで、私はもう胸が熱くなりました。

私はこの日、全体集会での講演を仰せつかっていたのです。千人を超える人たちで会場は通路まで埋まっています。始まる前から熱気が舞台裏まで伝わってきました。壇上に上がると、期待して待ってくれている参加者の目があたたかく、しかも輝いていてまぶしいくらいでした。

「みなさん、朝からほんとによく来てくださいました。…私も退職して2年（この文

郵　便　は　が　き

恐れいりますが、
切手を
お貼り願います。

553-0006

大阪市福島区吉野
3-2-35

日本機関紙
出版センター行き

【購読申込書】

＊以下を小社刊行図書のご注文にご利用ください。

[書名]　　　　　　　　　　　　　　　　[部数]

[書名]　　　　　　　　　　　　　　　　[部数]

[お名前]

[送り先]

[電話]

ご購読、誠にありがとうございました。
ぜひ、ご意見、ご感想をお聞かせください。

＊お寄せ頂いた方の中から毎月抽選で
20人の方に小社の本、どれでも1冊プレゼント！

[お名前]

[ご住所]

[電話]

[E-mail]

①お読みいただいた書名

②ご意見、ご感想をお書きください

(プレゼント希望の書名：　　　　　　　　　　　　　)

＊お寄せ頂いたご意見、ご感想は小社ホームページなどに紹介させて頂く場合がございます。ご了承ください。

ありがとうございました。

日本機関紙出版センター　でんわ 06-6465-1254　FAX 06-6465-1255

章を書いた時）になりました。3人の息子たちも家を出て夫と2人の生活。息つく暇なしの忙しい生活でした。先日、夫が『一回、家に帰ったら、迎えに出てくれて、お風呂にしますか、お食事にしますかと言うてみてや』と言うので、やってみたら『あれ、家まちごうた』と出て行きました」

こんな自己紹介を始めると、もう会場はどっと笑い声。安心して笑えて、その笑いが参加者同士で響き合って、どっとなるという感じです。聞き手の関係がバラバラだとこうはなりません。この笑い合える関係を今、子どももも大人も求めているのです。

厳しいくらしの中で顔を上げて生きている子どもたちの話をすると、共感の涙で、また響き合うのです。この時代を悩みも不安も抱きながら懸命に生きている人たちが話を聞いて、ほっとしたり、ああ

お寺参りのおばあちゃんのお伴をした時のなつかしい風景

一緒だ、わかってくれたと共感し合ったりすると、涙になってあふれ出るのでしょう。

かつて子育ては地域をバックボーンに叱ったり叱ってくれたり、迷惑をかけたりかけられたりしながら、皆で見守り共同で進める営みでした。

ところが今、親は地域で子育ての悩みを聞いてくれる人もいなければ、子どもを本気でほめたり叱ってくれることもなく、孤立状態にあることが少なからずあるのです。心痛む虐待問題もしかりです。

■素顔の自分だせる場

学童保育運動は今日、学童保育が法制化され、教育学会の研究対象になるまで大きく発展してきました。いえ、みんなの力でさせてきたのです。

学童保育は、親たちを子育ての共同の場に引き出し、父ちゃんたちを子育ての輪の中に登場させてくれたのでした。一緒にキャンプに行ったり、食事やおやつ作りを楽しみ、手作りのスポーツ交流会やゲーム大会で親も一緒に汗を流したりしながら、親が手をつなぎ合って子育てしていく場を創造してきたのです。

学童保育は、親が安心して働ける保障を作っただけでなく、子どもたちに豊かな放課後を保障し、活動は未来の子育てのありようを示唆する運動にまで発展してきたのです。

私も3人の息子たちを学童に預け、働き続けてきました。

子どもたちにとっては、ここは、評価の目や能力主義とは違う目で、自分を見てくれる安心の場だったのです。そして、ありのままの自分が出せ、おもしろい遊びがあり、仲間がわいわいいて、ケンカもいっぱいしたけれど、子どもの時間が流れていたのです。

私も子育ての悩みを聞いていただいたり、わが子の地域での様子を教えていただき、安心をもらってきました。

夫は、おやじの会を作り、子どもたちをキャンプやスキーにも連れて行ってくれました。おやじたちも普段、仕事場では見せない素の自分が出せて、とにかく楽しいからと集まってくるのです。

息子たちが成人した今も、おやじの会は健在です。ゴルフ、飲み会、地域の祭りと、大人たちの居場所になって生き続けているのです。

学童保育運動は、今後の日本の教育に貴重な示唆を与え、大切な役割を担っていくだろうとあらためて思えた研究集会でした。

第3章

保護者のみなさん
先生方とともに

第25話

庶民のくらしにあかりを

■おかあさんのこと　4年　上山　勝美

わたしのお母さんは、少し体が弱いです。

今日のばんでも「頭がくらくらして、天井がまわって目がもうてるわ」と言って、お母さんは寝ころんでいました。

すると、お父さんが「おけしょうとってあげるから、おけしょうとるクリームどのクリームや」と言ったので、お母さんは「そのむらさき色のふたのクリームや」と言いました。

すると、お父さんが、クリームをとって、お母さんの顔にあらっぽくつけて、顔をこすりました。

わたしも、お母さんのほっぺたをこすりました。そして、お母さんは起きました。

そしたら、お父さんがハンカチで顔のクリームをとりました。

王軍さんの作品の模写をして修行中

お父さんはじょうだんで「今度生まれかわる時は、もっといいお金持ちと結こんしいや」と言いました。

すると、お母さんは、ちょっぴりだけ泣きました。わたしもちょっぴり泣いてしまいました。

◇　◆　◇

ほっこりなつかしい昔話のような子どもの作文です。ここには、つつましやかな庶民のくらしがあります。そして、今日という日を精一杯けなげに生きる家族の姿が、目に見えるようです。

「きびしい暮らしで、母さんにも苦労かけるね」

父さんのいたわりに、思わず胸がいっぱいになり涙ぐむお母さんです。

その父と母の姿を見て、思わず涙ぐむ10歳の勝美ちゃん。この子もやさしい娘に成長しました。

初めての家庭訪問の折に、市営住宅の小さな庭に一輪咲いたバラの花を玄関に生けて私を迎えてくださったお母さんです。

「先生お花好きでしょ。今年初めて咲いたバラですよ」

5人兄弟の末っ子に生まれた勝美ちゃん。

「生まれて20日目に『先天性股関節脱臼』と診断され、毎日雨が降っても風が吹いても、寒かろうが暑かろうが、病院へ通い続けたんですよ。ある時なんか1時間以上も寒い廊下で待たされましてね。でも1日も休まず6カ月間通い続けました」と話してくださったお母さん。その表情は、苦労など微塵も感じさせない穏やかそのものでした。

■目と目合わせて話を

さて、この家族、親子、兄弟ともによく話をし、やさしい言葉を交わしあっていることに何度もはっとさせられました。

「人間、目と目あわせて話をせにゃ。そしたら通い合いますよ」とはお母さんの言葉です。

こんな話を聞きました。

人間には白目がありますが、食うか食われるかの競走と暴力関係の中に生きているほかの動物には、白目がないらしいのです。白目があると、敵をねらっているのが即座にわかってしまうからだそうです。

暴力関係ではなく、コミュニケーション関係の中で、目と目を合わせて会話をすることで、人間は人間になってきたんだと言います。

なのに、家族が目と目を合わせて、ゆったりと話をする心の余裕も時間も奪われている今日の状況です。

「先生、お父さんぼくらが寝てからいつでも夜中に帰って来るんやで。でも、ドアが開いたらわかるから『おかえり』って言うねん」

いつ首を切られるかわからない不安定な労働条件、毎年下がっていく安い給料。庶民は命を削る思いで汲々と生きています。

こんな子どもらの声や作文を政治家に届けたい！

そして、誰のための何のための政治なのかと問いたい！

近づく参院選を、庶民の明日の生活と子らの未来にあかりがともるものにしたいものです。

第26話

聴いてもらえたら元気（子育て相談から①）

いろんなところで子育て講座をさせていただいている。ご質問や相談を受けることも度々ある。今回から何回かに分けて、子育て相談を紹介したい。

と言っても私に的確な解決策が示せるわけではないが、とにかくみなさん胸の内を吐き出せて、聴いてくれた、と思うだけでほっとするようだ。

■着替えが遅い

もうすぐ1年生なのに、あれもできないと気になることばかりで、心配が絶えなくて…

聞くと、衣類の着替えが遅い。近所の人に会っても挨拶もできない。つい「そんなこ

秋顔―秋バラの鮮やかな美しさ　一気にかく

とできなかったら学校に行かれへんよ」と怒鳴ってしまうというのだ。初めて我が子が学校に上がるんだから、わからないことだらけで心配するのは当たり前ですよ。私もそうでした。

大丈夫！　衣類の着替えなんかみんなと一緒にするので、すぐにできるようになりますよ。挨拶ね、お母さんがご近所の方にニコニコ挨拶なさっていたら、そのうちするようになります。

入学前の禁句は「○○できなかったら学校に行かれへんよ」という言葉。学校というところはコワイところだという緊張感を与えてしまいますから。それよりちょっとお茶碗運んでくれたら「さすが1年生になるから頼りになるわ」と背中を押してやってください。

■友達ができない

2年生の女の子です。なかなか仲の良い友達ができなくて…。本人は友達ほしがっているんですけどね。親としてはどうしてやったらいいのかと…

友達をほしがっている気持ちがあるのがいいですよね。2年生くらいだと特定の子と仲良くなるというより、その日その時でいろんな子と遊んだりしますからね。

4年生くらいになるとできますよ。親ができることは「友達つくりなさい」とやいやい言うことではなく、たっぷり愛情を届けてやることです。いっぱい抱いて、おいしいごはんを作ってあげてください。愛されて育った子は必ず人を自分の中に受け入れて仲良くできますから。（拙著『子育てがおもしろくなる話』参照）

■うそをつく

5歳の男の子です。うそをつくんです。どうしたら直るでしょうか

ハハハハ…うそをつくのは、自分の身を守るためのちょっとした知恵が出てきたんですよ。すぐバレそうなうそでしょ。いちいちカーッとせず、うそをつかれて笑っていてください。ときにはうその中に子どもの願いが込められてもいるので、そこに寄り添ってあげたいですね。

「おとうさんといっしょに公園でいっしょに野球してホームランを打ったよ」「いっ

しょ」が2回も出てくる日記には（実はうそでしたが）この子の願いが込められていたのです。父ちゃんといっしょに公園で野球したいよ、ホームランを打ってみたいなという切ない願いです。うそをついたと叱るより、一緒に野球をしてやりましょと話したことでした。

■自分から話さない

先生が子どもの話を聞いてあげてくださいと言うのですが、うちの子、自分からなかなか話をしてくれません。どうしたら…

私たち教師も同じですが、お母さんが忙しオーラやイライラオーラを出していると、近寄って来ませんよね。それにせっかく「あのね、今日ね…お弁当のとき…あのね」ともたもたでも話をしようとしているのに、話をとって「ああそれ、先生から聞いたよ」とやってしまうと、ますます自分から話さなくなります。

それにもまして一番の反省は、子どもの目を見て、話に共感してなかったなあと思いますよ。「ケンちゃんとこの犬な、めっちゃ賢いで。ぼくの言葉わかるんやで」と言っているのに、「はよ宿題してしまいなさい。もうごはんやで」とやっていませんか。自分の方から「今日どんな勉強したの」と聞き出すよりも「お母さん今日うれしかったわ、種から植えてた椿の花が咲いたんやで。あれや、見てごらん、ホラ」と言うと、「ぼくもうれしいことあってん。ゆうちゃんがな『ぼくの絵うまいなあ』って言うてくれてん」と語り出すのです。そうです。大人も自分を語ることで、子どもも心を開くようです。

みなさん、こんな時代の子育てですから、悩みもいっぱい。いいのです。人を育てるってそんなもんです。子どもは思い通り育つ、子育ては楽だ、と言う人こそ危ないですよ。

第27話

聴いてもらえたら元気（子育て相談から②）

これも先日、保育園の子育て講演会のときに受けた相談です。

5歳になったところですが、近所の子らはもう字を読んだり書けたりしていて、びっくりです。小学校に入学した時から落ちこぼれるのではと不安です

聞くと、友だちとはいっぱいしゃべりながら遊んでいるし、絵とか描くのも好きだと言います。大丈夫です。人との間で会話があり、親の話（言葉）にも耳を傾けることができる。なんといっても絵を楽しく描くことができる。これも素敵です。そして、パスや鉛筆を持つこともできる。上下左右もわかっている（文字は、上下左右がわかることも大事）。

そうです、言葉に耳を傾けたり、話したりできる。自分を表現しようとしている。文

字を書く時の手首や手の力がある。上下左右もわかってきている。必ず文字に興味を持つ時が来ます（親子で手紙ごっこをしたりすると、興味が出てきます。わが家の息子は折り紙が好きだったので、その本から文字に興味を持ちました）。興味を持ち始めて尋ねられたら、さりげなく教えてあげればいいのです。

ふるさとの畑でスイカ割り　ああ楽しかったな

大切なことは、文字を覚えると面白いとか、わくわくするような気持ちになることが何より必要なのです。そんな子どもは、学校に来て文字学習が始まると、あっという間に習得しますから安心してください。

> ほんとうに片づけができません。なんでも出しっぱなし、散らかしっぱなし、毎日叱っていますが、いっこうにやりません（２年生）

大人もそんな人がけっこういますから、はてさてどうしたらいいでしょうね。

私自身の子育て中のことで、強く心に残っていることがあります。全盲のお母さんの子育てに学んだことです。懇談会のときに学校にやって来たお母さんが、机の中がぐちゃぐちゃになっている息子に、片付けさせている姿は、その頃の私には軽い衝撃でした。

机の中からお道具箱を出させ、中の物を出したら左の隅をトントンとして、たまったゴミを捨てさせ、次に雑巾で机の中を拭かせます。洗ってこさせた雑巾を四つにたためと教え、左から右へ拭いていき、もう一度裏返して拭くことを手取り足取り教えていたのです。生きるすべをていねいに教えているのです。

私はと言えば「片づけなさい。何回言わせるの」と大声で叱っているだけ。子育ては、手間ひまかけて生きるすべを自分もしてみせてやらせてみて「できるじゃないか」とほめ励ましながら、辛抱強く続けることなんだと教えてもらったのです。

まずは、片づける場所（何はどこへ置くか）を決め、片づけ方を一緒にやってみましょう。整理されたら気持ちがいいという感覚を養っていくことも大切ですね。

下手なマンガばっかり描いていて、宿題もやいやい言わないとやりません。３年生

なんだからもっと自覚的にやってほしいです

お母さん、息子さんの描いているマンガの絵をゆっくり見られたことがありますか。その絵の中にお話がいっぱい入っていますよ。聞かれたことがありますか。せっかく描いたマンガが大人にはゴミに見えて、丸めてポンと捨てているって、それ可愛そうですね。

好きなことのある子、それに熱中できる子は育ちます。マンガなんて…と思っているのでしょ。マンガも素晴らしい文化の一つです。

息子の描いたマンガを見ながら話を聞いてやり「面白いなあ」と共感してあげてください。紙切れに描いたマンガを画用紙にでも貼って大切にしてあげてください。

そして、宿題はいつするのか、子どもに決めさせて、決めたらきちんとやることを促してください。お母さんの言う通り、自覚的な3年生になっていきますよ。

◇　◆　◇

子育てに悩みはつきもの。どなたも持っているのです。ご近所の人にでも、懇談会の場ででも「こんなことで困っています。力貸し手ください」と自分が心開いて語ってみると必ず力になって返ってきますよ。

第28話

ほんまもんの学力を（その1）

■全国学力テストで今…

今年も全国学力テストが実施された。大阪府教育委員会は、なんと中学3年生の結果を高校入試の内申に反映させると決めたのだ。文科省ですら、それは主旨が違うといわざるをえなかった。

今、教育現場は平均点を上げることが至上命令になり、戦々恐々となっている。楽しい行事はカット、授業時間を増やす、宿題の量が半端じゃない、しかも学習内容が学力テスト対策勉強で、本物の学力とは縁遠くなっている。さらに追い込まれた教師たちの中には、学力の低い子を休ませたり、テスト時間中にまちがいを指摘し、直させたり等々の不正行為までするという事態が起きている。

かつてこの全国学力テストで教育界が荒廃し、廃止に追い込まれているのだ。なのにまたぞろ出てきて、毎年60億円のお金が使われている。これを先生の増員、30人学級など教育諸条件の整備にあてれば、どんなにか有効だろうと思う。

■大本を大事に育てる

学力テスト結果が入試の内申になると、親たちも追い込まれていく。今こそ、頭を冷やして本物の学力とは何なのか、そのために親に何ができるのか考えてみたい。

信州の廃屋に主がいないのにけなげに咲いていた（掛軸）

①なんと言っても学力の大本になる生活の中に安心感があることだ。自分は愛され守られている、失敗やまちがいをしても見捨てられない安心

感だ。親の生活も厳しく、そうそううまくはいかないが、心がけて少しでも努力することだ。

朝起きてきた子に「おはよう」と笑顔で声をかけてやる。顔を洗ったり歯を磨く習慣がある。「お腹減った」と言う子においしいご飯が待っていて、ワイワイにぎやかに食べる。「百回勉強せよと言うよりもおいしいご飯を」と先輩に学んできた。そして、「抱いて抱いて『宝物だ』と子どもに語りかけ、抱きしめてやれ」と教えてもらってきた。これだけで、子どもは愛されていると感じ、心が落ち着くのだ。これ抜きにどんな学力をつけるというのだ。

②こうして愛されて育ってきた子は、人間づき合いが上手になる。学力テストでどんなに良い点をとろうが、人間づき合いができない学生たちをたくさん見てきた。反対に人間づき合いができる人は、生きるに値する豊かな人生が送れているではないか。

③人間は言葉で思考し、コミュニケーションし、自己を表現し、新しい世界を創造する。この言葉の力が弱かったら、本物の学力は身につかない。自己と他者、世界を認識し、自分の思いが自分の言葉で表現でき、コミュニケーション能力を獲得することは、人間形成と学力の礎である。そのために親にできることは、子どもの話を目を見て、共感して聴いてやることだ。さらに、会話のある家庭にすることだ。「早くせよ」

「あれせよ、これせよ」は会話とは言わない。ときには膝に抱いて親の声で本を読んでやりたい。親が本を読む家庭では、子どもの言語能力の育ちが違ってくるとも言われている。昔の街角では、教科書を音読する子どもの声が聞こえていた。あれはとても大切だ。声に出して文章を読ませたい。

④「知りたい、見たい、やってみたい」という好奇心は、学問の扉を開く。そして、何かに熱中し集中する力が、学問をわがものにしていく。それは、どこで育つのか。遊び以外の何ものでもない。仲間と身体を使って夢中に遊ぶ体験こそ宝だ。さらに人間は「経験の子」と言われる。一緒に体験することで脳は活性化すると言う。1歳半で脳は3倍にもなり、5歳になるともう死んでいく脳細胞もあるとか。ところが、人間はいろんな体験を重ねることで脳は活性化していく。毎日仕事で忙しいが、たまには子どもと野山を歩いたり、博物館へ出かけたり、畑でイモ掘りや野菜の収穫をしてみたい。キャッチボールで汗を流しもしたい。こうして、親も楽しみながら一緒にする体験が、脳を鍛えてくれるというのだ。好きなことがあり、夢中になれる子は育つのだ。

次回は、ヒトを人にする文化の中で感性を育むこと、生きるすべ、段取り能力、生活をプロデュースする力を獲得すること、命を守り健康に生きる知恵をわがものにすること、家庭学習の習慣作り等について書きたい。

第29話

ほんまもんの学力を（その2）

「勉強しろ、家の手伝いしろ」と口うるさく言われた15歳の少年が、祖母と母親を殺すという事件がまた起きてしまった。他人事ではないと世の親たちは、胸を痛めている。前回書いたように親の愛情を感じ、人とのつき合いもあり、好きなことのある子は大丈夫。「百回勉強しろと言うよりもおいしいごはんを」と言うあの言葉を今だからこそかみしめたい。さて今回は…。

■自然や文化に触れる

⑤「ヒトは、文化を食べて人になる」ということ。人が人間らしく豊かに生きていく秘訣はここにある。

私自身できのよい子などとは程遠いあかんたれな子だったが、今日の自分があるのは、文化の力そのものだったと思う。ふるさとの川は美しく、川面に映る夕焼けも風にそよぐ草花たちも私の感性を育んでくれた。日々の暮らしの中にあった藍染の藍の色も人形浄瑠璃の舞台も父の書や襖の水墨画、母の育てていた花たち。そして、たくさん出合った本などが私を育ててくれた。親は仕事に忙しく、まさにほったらかし、縛られる時間などなく、自由な子どもの時間を生きていた。

どうぞ子どもたちに自然にふれる機会を！　そしてたまには本物の音楽や絵、書、舞台を観るなど文化を親子で楽しみたい。

生れたての緑に新しい光が美しい

■生きるすべを身につける

⑥「子育ては、生きるすべをしてみせて、やり方を教え、おまえもできるじゃないかとほめてやる」と、これも先輩に教えてもらった。いま子どもたちは、家庭で勉強さえしていればいいということになっていな

いだろうか（実際にはゲームばかりで頭が痛いが…）。家族の一員として、家の仕事を分担しているだろうか。

「片づけろ、手伝いしろ」とガミガミ言うだけでなく、やり方を教え、一緒にやってほめてやる。子どもってやりたがりなのだ。でも、すぐあきてしまう。だからこそ、やりたがりを上手にすくい上げ、あきてきたら「この前より上手に布団たためてるなぁ」と励ましていく。料理などは、まさに生活のすべ。手を使い、段取り能力を養う絶好の作業。買物も経験させ、包丁も使わせ、火の加減、味つけ、後始末を覚えさせる。そして「おいしかったよ」と喜んでくれる家族の笑顔に出会う。こういう子は、自分の生活をプロデュースする力をつけていくのだ。

「いやぁ親がやった方が楽ですわ」。いえいえ、子育ては手がかかるのだ。手を抜いた分しっぺ返しが必ずくる。

⑦何と言っても健康で長生きできる子に育てたい。早めに寝て早めに起きてぐっすり眠る。気持ちよく出し、おいしく食べ、よく身体を動かして遊ぶ。これが難しい今だからこそ、少しは意識して努力したいのだ。

朝からパンだけの食事、1週間うんちが出ていなくても、親は知らない。夜遅くまで起きてゲームをしていても、親は寝ていてこれまた知らない。ちょっと体調を崩すと薬づけ。ラーメンやファーストフード、外食べったりの食生活。これでは長生きできない。忙しい日々だからいつも立派でがんばる親ではいられないが、これではいけない、少しは努力しようと思えるかどうかだ。

元気で長生きできる子は親孝行。そんな子に育てるのは子孝行。

⑧最後に「勉強しろ」とカンカンになり追い立てるのは禁物だが、毎日少しは勉強する習慣がつけられたらいい。

１人で勉強部屋ではなく、親が夕食を作っている側の食卓でいい。親の目が届き、安心できるところがいい。「おっ、今日は字がていねいに書けてるな」「もう時間割できたの、気持ちいいな」と喜んでやればいい。わからなくて困っていたら「明日先生に教えてもらうといいよ」と言い、連絡帳に「先生よろしく」と書けばいい。

ガミガミ叱り、泣かせ、暴力をふるって勉強させられた子は、この世から勉強がなくなればいいと思うだけだ。一生懸命勉強させられ追い詰められたエリートの少年たちが次々と事件を起こしているではないか。

しかし、その親たちもわが子のためよかれと思い、だがどこかで焦らされ、追い詰められてきたのだ。親たちを競争に駆り立てるいまの教育のありよう、社会の問題こそ問い直したい。

第30話

読み書きはいつから？

「もうすぐ幼稚園に行くので、字を教えようと思っています。どんなふうに教えたらいいでしょうか」と尋ねられて、年齢を聞くと3歳になったばかりだというのです。

■文字獲得の前提

焦らなくてもいいのです。文字獲得の前提となるさまざまな土台になる力が育っていない段階で、文字を教えこむなどするとかえって障害にすらなりかねません。

土台になる大切なことは、どんなことでしょうか。

まず一つ目は、話しことばが豊かに育つこと。4歳頃に話しことばが一応でき上がるといわれています。5歳半頃になると、自分のしたこと、見たことなどがある程度、筋道立てて相手に話せるようになっていきます。この育ちを待たずして、いかに文字を読むか書くかなどは、問答無用というところでしょう。

話しことばが豊かになるためには、ごく日常の生活の中でいろいろな体験をして、それをことばにすることが大切です。ことばになるためには、よい聴き手が必要です。たどたどしくしゃべる子どもの目をしっかり見て、ふんふんとうなずきながら聴き、共感してやりたいです。

同時に、自分を絵で表現したり、身ぶり手ぶりで自分の想いを表現するという活動がとても大切なのです。絵にお話がいっぱいあると一層うれしいです。丸が三つあるだけでも、子どもはそこにたくさんの話を詰め込んでいます。たくさんおもちゃを買うよりも、白い紙とパスや鉛筆を与えたいものです。

二つ目は、文字の形が描けるようになるには「形を描く力の発達」が必要なのです。ぐるぐるのなぐり描きから始まり、3歳では丸が描けるようになり、横線と縦線を十字にしたような形が描けるようになっていきます。4歳頃になると四角い形が描け、5歳にもなると三角も描けるようになります。

いろいろな形や線が描けるようになって初めて、文字という形が書けるようになるのです。だからと言って、三角や四角を描く練習をさせるのではありません。

身体を動かす運動や折り紙、ハサミを使う活動や粘土遊び、あやとりなど手をしっかり使う活動を十分にすることで、形を描く力が育っていきます。

三つ目には、文字に対する興味や関心が出てくるということが大切です。親子で読み聞かせを楽しんでいると、自然にことばを覚えたり、「この字何?」と興味を持ち始めます。ただし、本の読み聞かせを、文字を覚えるためや知識を与えるためにするのは本末転倒で、かえって読書嫌いにさせます。本は楽しいと感じれば、結果として、文字への関心が生まれてくるのです。

書道展に向けて（花の文字が八つ書いてある）

身近にある文字が読めるようになることで、新しい世界と出会ったり、まわりのできごとに意味づけができるようになっていきます。これが文字を覚えるおもしろさと意欲になっていくのです。

私なども働きながらの子育てで、子どもより帰りが遅いことも多いので、よくお手紙を書いていました。

「めだかのあかちゃんがうまれて、うれしいなあ。えさをわすれないであげるんだよ」

「花園で遊ぶ家族」花をテーマに作品作り

文字が生きて働くという体験が大切です。折り紙が大好きだった次男は、新しい折り紙が次々したくて、説明の文字を何度も聞いては挑戦。いつのまにか文字を覚えました。だから私は、無理矢理教え込むのではなく、興味を持って聞いてきたら自然に教えてあげればいいと思っています。

そして、読めたらすぐ書かそうなどと、これまた焦らなくていいのです。文字を学ぶ土台がつくられていったら、書くことは、小学校に入学したら急速に覚えることができるので心配はいりません。

反対に今気がかりなのは、文字の読み書きはできるのに、話が聞けない、自分のしたことや思いがことばで表現できない、絵が描けない、全身運動や手の機能が育っていないという子どもたちです。子どもの育ちには順序があるのです。そこを無視した悪しき「早期教育」に落ち込まないよう心したいですね。

第31話

これでいいのか？「言葉の教育」

■攻撃的な言葉

孫の衣料品を買いに出かけた時のことです。衣料品コーナーの一角のおもちゃ売場の前で、3～4歳くらいの男の子が遊んでいておもちゃを落としてしまったのです。親の姿は見えないのですが、どこからか声が飛んできました。

「アホか、何しとんじゃ、死んでまえ」

その声の主とおばあちゃんらしき人がまもなく現れました。本当に笛でも持っていたらピピピピーと吹いて、警告を発したいくらいでした。

「はよせー」「イラつくなあ」「オマエなんか」「生れてこんかったらよかったんじゃ」など、大人たちの言葉で子どもたちがずいぶん傷つけられ、生きていく元気すら奪われているのではないか、と心配になっている昨今です。

学校では「死ね！」「キショイんじゃ」「あっち行け、消えろ」「ウザイんじゃ」「くそババア」…。こんな言葉が飛び交っています。ちょっと注意しただけなのに「オレの存在がキショイんか」とすごんでくる4年生もいます。

子どもたちの言葉も攻撃的で、トゲトゲしていて突き刺さってきます。そして、話が聞けない、文章が読めない、書けない…。子どもたちのコミュニケーション能力や

自然に脱帽　花のつくりに感動（トケイソウ）

言葉の問題が、教育現場で大きな課題になっています。

■心を寄せ受け止めよう

ところがです。こういう言葉の問題への取り組みがどうも違った方向に進んでいるのではと懸念しています。

一つ目は、ＰＴＡ等の講演依頼で「悪い言葉を禁止するにはどうしたらいいのか」と尋ねられること。まずは立ち止まって『死ね』という言葉がなぜ使われたのか、子どもの心の声を聞いてみたいです。叱る前に「死ねってどういう意味だったの？　嫌なことがあったんやなあ。聞かせてよ」と聴いてやりたいです。荒れた言葉の向こうに何があったのか、子どもの生活と重ねて、その思いを受け止めてやってこそ「その言葉は他人を傷つけるよなあ」と注意もできるのです。

二つ目は、学校の校内研修会に寄せていただく機会が増えたのですが、人を傷つける言葉集め、人を喜ばせる言葉集めというのをして、いい言葉を使おうという取り組みがあります。無意味だとは言いませんが、生活も心もくぐらない言葉を使う訓練がされています。悪しき「徳目道徳」に落ち込んでいないでしょうか。そういう学校でよくされているのが「あいさつ運動」です。あいさつが生まれる人間関係を育ててこその「あいさつ」でしょう。

三つ目に考えさせられていることは、言葉の力をつけ、感性を豊かにするのだと言って漢詩とか短歌とか古典など、子どもたちが理解できないような文章を暗誦させたり書かせたりするブームです。これも全く無意味だとは思いませんが、昔「教育勅語」を暗記させられたように、繰り返し覚えさせられているうちに、体に思想を刷り込ませていくようなことがあってはならない、と懸念しています。

四つ目は、日本の子どもの学力低下が国語能力の弱さにあるといわれ、全ての教育の軸にこれを据えた取り組みがたくさんの学校で進められています。そのなかで「論理的な文章」を書かせるのだと型にはまった文章を書かす訓練がされています。「ます子どもたちの書くこと嫌いが進んで、うまくいかなくって」と研修会に招かれます。

話すとか書くという、人間の自己表現は型に入れられたり、強制されたのでは好きになりません。本当に書きたいこと、わかってほしいことを自ら書き、それに共感しながら受け止めてくれる人がいなくて、どうして言葉が好きになるでしょうか。言葉が往ったり来たりする人間関係があってこその言葉です。子どもたちは聞いてほしいこと、話したいことをたくさん持っているのです。そこに心寄せずして言葉の訓練を強制的に持ち込んでも、子どもの言葉は豊かにはならないでしょう。

第32話

〝ほめる〟ことの落とし穴

■追い込まれていく子

知人の息子が大学生のとき自殺をしてから数年が経った。お母さんはいまだに癒されぬ日々を悶々と送っている。

最近になってポツンと語り始めた。「子育ては『ほめて育てよ』と言うからずっと、ほめてほめて育ててきた。なのに…」

行儀のよい子、勉強のよくできる子、そしてスポーツもできる他人に羨まれる息子をいつも自慢し、その子に自分の人生をかけてきた。その一途な母を責めるつもりはない。そのお母さんもこの競争主義・能力主義の中で追い込まれた犠牲者とも言えよう。

あるエリート学生は言う。「子ども時代は、苦行のようなものだった。小学校ではテストで100点とるため、中学では内申をよくするため、高校では大学に合格するために学校に通っていた。いつも完璧を求められ、元気で明るい自分でなければ、約束は守る自分で、何でも真面目にがんばる自分でなくっちゃと脅迫観念にとらわれたような子ども時代だった」と。（現在こういう学生たちの生き直していく日々につき合わせてもらっている）

勉強ができる、スポーツができる、行儀よく約束が守れる子であり続けることで、親の期待に応えたいと必死に子ども時代を送ってきたのだ。親は、そのわが子のできばえや結果ばかりをほめてほめてほめてきたのだ。

ほめられることで、明日も立派な自分でなくっちゃ、と実は子どもたちを追い込んできたのだ。しかし、この期待に応えられなくなって、親に見捨てられたと命がけのSOSの代わりに、さまざまな事件を起こす例もたくさん見てきた。

話は冒頭から重たい話になったが最近、教育界にまた「ほめる」ブームが広がっていて懸念している。

1カ月間、忘れ物ゼロだったと賞状までもらった子は今、毎晩4～5回時間割を合わせ、

まっ青な空をバックに鮮やかな黄
春を呼ぶロウバイ

登校時は、自分の背のカバンを振り返り振り返りするチック症状まで出ているという。みんなでほめ上げ追い込んでしまったのだ。

学級の終りの会で「今日は、○○さんのいいところをみつけましょう」とやる。たまには嬉しいが、こんな日常が続くとどうだろうか。ほめられようと演じる子どもたちが出てきても不思議ではない。心したいことだ。

■結果よりプロセス

では、ほめてはいけないのか。少なくとも私自身は、上から目線で、結果やできばえばかりほめ上げたりはしたくないと思っている。そこにいたるプロセスや人としての豊かさについて、自分という人間をくぐらせて「ゆきちゃんが毎日世話してくれたから、ほら、今朝こんなにきれいな花が咲いたよ。先生嬉しいわあ」という言葉を返してやりたい。（このシクラメンはわが家に持ち帰り、退職して10年目、今年も花を咲かせている）

先日、ある幼稚園に講演に出かけたとき、お迎えに来たお母さんに走りよって「ママ、けんちゃん逆上がりできたんやで」と。「あんたでけへんのに、がんばらなあかんやろ」と返ってきた。あー、自分ができなくてもできた友を自分のことのように喜ぶわが子こそ素敵なのに…。

2年生の子の名言。「先生がにこっと笑って『まあ嬉し』って言ってくれたら私らがんばる力出るねん」。なるほどなあ。

ところで、こんな考えもある。人はいいところも悪いところもあるから、いいところをしっかりみつけてほめることが大事だと。確かにそうだ。しかし私は今、その悪いところ、困るところ、失敗からも、子どもの思いや願い、希望を読みとり、そこにこそ共感していくことがとりわけ大事な時だと考えている。

新学期が始まってすぐ「てつぼう」という詩を読み始めたら、勇太がいきなり立ち上がり「あっ、くるりんやて！　オイみんな言え、くるりんや」と扇動した。こんな調子で授業をかき回す困った子だと言われてきたようだ。

ちょっと待てよ、何か感じるものがあり「なかなか実感こもってるなあ、勇太は鉄棒うまいんやろ」と言うと「なんで知ってるん、見せたろか」と早速出て行こうとする。オイオイ、今授業中や、「あとでね」と言うと納得。「先生、ぼくな、3年生になったからがんばろうと思ってるんやで、ぼくここにいるで、認めてね」という精一杯のアピールなのだ。

今、私は「ほめる」よりも、この「認める、わかる、受け止める」をこそ大切にしたいと思っている。

第33話

結果やできばえばかり求めると

■浅田真央選手に自分を重ね

ソチオリンピックが幕を閉じた。オリンピックにどっぷり浸かっていたわけではないのに、なぜかいまだに心を締めつけていることがある。あの浅田真央選手のこと。ショートプログラムでの思わぬ事態に、日本中が固唾を飲んだ。そして、なぜか他人事とは思えず、食事は喉を通っているのか、夜は眠れただろうかとまるで親のように心配している人がたくさんいた。かつて日の丸の重さに耐えきれず、自ら命を絶ったオリンピック選手がいたことなどを思い出し、不安がよぎったという人さえいた。

最近の日本社会は、誰かが失態や失敗をおかすと、それ見たことかと寄ってたかってバッシングするという空気が生み出されている。自己責任論をバックに、自分の不安やストレスをそこにぶちまけるかのように…。

しかし、今回は違った（と言っても「あの子は大事な時には必ず転ぶ、団体戦に出

大阪の風物詩の一つ　阪堺電車

なきゃ良かった」という元首相の発言があり、批判の嵐)。

なぜだろうか。

お願いだから負けないで、次のフリーでがんばってほしい、とこれまた手を合わせ祈るような気持ちで応援していた人たち。そして、全力で舞い終えた後、上を見上げ、涙をこらえて立ちすくむ姿を見て、一緒に泣いたたくさんの日本人。

これは、いったいどういうことだろうか。これが日本人の良さだと言う人もいる。

しかし、今日、失敗を繰り返し思い通りに進まぬできごと、思わぬ不運に遭遇し立ちすくんでいる人が、この国にはあまりにもたくさんいるからこそ、どこか自分の姿を重ねて他人事とは思えなかったのではないだろうか。だからこそ希望の光を感じたのだ。いや、感じたかったのだろう。

母を想い、難病と闘う妹を励ます葛西選手が4年後にもう一度挑戦するという姿にも、多くの人は励まされもしたのだ。

■ゆっくりていねいに

一方で、こういう空気が今の子どもたちを息苦しくさせはしないか、と懸念もしている。

「うちの子も3歳からスケートやらせたい」とスポーツエリート育成に拍車をかけることにはならないだろうか。

そして、さらには「見てごらん。あのアスリートたちは、死に物狂いの努力をしてきたから、あんなに立派になったんだ。困難にめげず、もっと努力を！」と子どもたちに追い打ちをかける大人たちの動きが増していかないだろうか。

道徳教育が教科になり、評価の対象にされようとしている。今こうしたアスリートたちが、お手本にされて教科書の教材に登場してくるのではないかと思う。

エリート大学の院生の手紙だ。

「私にとって子どもでいることは〝苦行〟のようなものでした。小学校ではテストで１００点をとるため、中学では内申をとるため、高校では大学に合格するため学校に通っていました。いつも完璧を求められ、何でも真面目で、何でも一番でなくちゃと強迫観念にとらわれたような子ども時代でした。ちょっと忘れ物やケアレスミスをすると、自分は『欠陥のある存在』だと思い、自分を消したいとさえ思っていました…」

昨日出かけたある県の先生方の研修会でのこと。全国学力テストで結果を出せない教師へのバッシングがあった中で、とうとう生徒のテストを改ざんする事件が起きていると聞いた（今にこういうことは蔓延しますよ）。

結果やできばえばかり要求し、努力せよ、がんばれがんばれの旗を振り続けると、ゆっくりていねいでなければ育たない人間の教育は、確実に崩壊する。ゆっくりていねいということは、失敗をする余裕があるということ。そして、その失敗を大らかに受け止め、子どもの育つ力を信じて待つ大人がいるということだ。

華々しいオリンピックに出られたのは、ほんの一部のスポーツエリートたち。もちろん彼らの血の滲むような努力に拍手を送りつつ、夢がかなわなかった多くのアスリートたちにも熱い拍手を送りたい。

第34話

体罰を考える

■桜宮高の体罰自殺事件

桜宮高校の体罰問題、生徒の自殺事件で、また教育界に激震が走っている。

私はかねてから日本の教育界にある「愛のムチ」という暴力やスポーツ界にある「根性を入れる」という名の暴力に疑問を持ってきた。

それじゃ、お前はそういう経験はないのかと言われたら、恥ずかしいことに否定できず、今も思い出すだけで胸が痛い。

我が子に手を出した時に、私を睨みつける目は、他人をつきつけられた恐ろしい目だった。生徒に手を出したときの目も怖かった。指導力がないことをさらけ出した行為だった、と自分が情けなかった。そのとき以来、私は子どもの前で誓った。二度と指導という名の暴力はふるうまいと。自分と闘いながら、自分自身に言い聞かせてきた若い日々だった。

今度の事件を機に、家庭教育、学校教育に体罰は無縁という取り組みが本格的に始まることを期待している。

■市長の暴言に怒り

それにしても、今回の桜宮問題の対応は、解決などとは程遠く、怒りさえ感じている。

体育科の入試中止、先生の総入れ替えに、「学校をつぶさんと直らへん」という市長発言にいたっては、これこそ暴力ではないかと憤っている。しかも「体罰は、生徒や保護者の問題でもある」という発言は、まるで生徒まで加害者であるかのようで、これまた許せない。

さらには「予算の執行権は僕にある」という発言は、ときの権力者は教育に介入してはならないという教育の原理を泥靴で踏みにじる暴言である。

高校生が入試を中止しないでと訴える姿を見て

白い船に心ひかれて

涙が出た。大人の責任問題で、なぜ生徒にこんな辛い思いをさせるのか！　近ごろでは、桜宮の在校生や教職員であるだけで、責められているとさえ感じて、電車の中で校章のついたカバンを隠しているという話まで聞き、これまた胸が痛い。

■体罰肯定は軍国主義の土産

ところで、最近の報道の中で、この国はずっと昔から体罰が許されていたような発言があり、気になっている。そうだろうか。

江戸時代の儒学者、貝原益軒は書いている。「ひどく罵って顔色や言葉を荒立てて悪口を言って、いやしめてはいけない。ただ落ち着いて厳正に戒めよ。これが子弟を教え、人材を養う方法である」。明治時代の福沢諭吉も「しつけ方は、温和と活発とを旨として…手を下して打ったことは一度もない…」と。

ちなみに明治12年の教育令には「凡（およそ）学校ニ於テハ生徒ニ体罰ヲ加フヘカラス」と明記されている。そう、体罰とは無縁の長い歴史があったのだという。

では、いつ頃から体罰肯定の空気が出てきたのだろうか。それは「明治22年の教育令改正で師範学校卒業生も兵役義務を負って以後のことと見られる。隊内で手荒くしごかれ、その体験を教室に持ち込んだようだ」と佐藤秀夫氏は『ノートや鉛筆が学校を変えた』（平凡社）の中で述べている。明治33年に体罰禁止規定はあったが、体罰の習慣はそれ以後、多くの学校に残ったのだと言う。

となると、体罰無縁の子育ての思想ははるか５００年以上昔からあったのに比し、体罰肯定の動きはわずか１２０数年ほどだ。しかも、それは「軍国主義の土産」だというのだ。ならばなおさら体罰一掃を願う。

今日の教育の動きをみるとき学力、いやスポーツにおいても能力主義、競争主義が色濃く、教職員の評価制度とも相まって、なお一層いじめや体罰に拍車をかけるのではないかと危惧している。だからこそ学校、家庭から体罰をなくすという社会全体の合意を作っていくなかで、いじめ問題と同じく子どもの声を聴き、意見をくみ取っていく取り組みが早急に求められている。

ただ、そのとき、こころしたいことがある。それは「先生がたたいてきびしくしてくれたおかげで、今の自分がある」という、子ども自身が体罰を肯定しているかのような声をどう受け止めるかだ。

それは、実は、たたかれたから成長したのではなく、本気で自分にぶつかって向き合い、寄り添ってくれた先生がいてくれたからだと言っているのだ。今、子どもたちはそういう大人の存在を必死で求めている。

第35話

いじめ自殺はなぜ？

母親にプレゼントしようと思って、せっせと編んだマフラーで首をつって死んだという群馬・桐生市の6年生の明子ちゃん。それを発見したときの母親の思いはいかばかりだったろうかと想像するだけで震えてくる。

なぜ、そこに至るまで手が打てなかったのだろうかと悔やまれる。大学の講義のときに、学生に意見を求めた。

「給食のとき好きな者同士にするのは配慮がいる。先生は明子さん一人のことよりも、あとの生徒の声に負けていたのではないか」という鋭い意見も出た。『「いじめはない」とうのみにする学校のありようが気になる」「こんないじめは氷山の一角。教師は関係作りにもっと力をそそぐべきだ」「すべて担任のせいにはしたくない。学校全体のフォローをどうしていたのか知りたい」と学生たちは真剣に意見を出し合った。「お母さんのために編んだマフラーで首をつったなんて…辛すぎる」と涙ぐんで発言した男子学生もいた。

さらに「加害者は許せないけど、その子らもいろんな問題を抱えていたり、心の病を持っていたのではないか、そこにもメスを入れる必要がある」。これも鋭い意見だ。

次第に事実が明らかになり、学校もいじめの事実を認めた。学級が崩壊状態にあったこともわかってきた。学校は「教師の指導力不足」と言い訳をしたが、担任であった先生は、今どうしているのだろうか、とまた気がかりだ。

草紅葉した野原でみつけた
風にゆれる小さなりんどう

■いじめ減も評価対象

どんな立派な教師のクラスでも、いじめは起こりうる。教師を支え合う学校の集団体制こそ、今求められている。

なのに人事考課制度で、教師を5段階に評価し、お互いをバラバラにし、成果を急がせるから、こんな事態が起きているのだ。文科省はいじめと不登校を「5年間で半減」させろと数値目標を現場に下ろしてきた。だから不登校ぎみな子を朝起こして引っぱってきたり、いじめが起きていても見て見ぬふり。あっても報告できない事態が起きているのだ。文科省の責任は重大だ。

しかも、来年度から指導要領改訂で時間も内容もぐっと増え難しくなる。子どもたちの中に一層、荒れやいじめが出るのではないかと懸念する。

学生が「いじめって解決すると思いますか」と質問してきた。「適切な対応をすれば、解決の道は見える」と答えた。しかし、いじめを生みだす今日の競争社会、教育のありようにまた不安も走る。

■創造的な文化活動で

6年生の女子5人グループ内でかなり深刻ないじめが続いていた。仲良くしているのかな、と気になり何度か尋ねたが、被害者の子は笑顔で否定するばかり。いじめを見抜くのはかなりの困難があり、日頃から子どもとの間に信頼関係を作っておかないと難しい、というのが実感である。

私の場合は、日記や作文という表現物を大事にしていたので、被害者の子が「先生、助けて」といじめの事実を訴えてきたことが問題解決の決定的な力になりえた。そこで明らかになったことは、加害の側にまわった子たちが各々に大きな問題を抱え、悲鳴を上げていたのだ。そこから半年、親御さんと二人三脚で個々の家庭と連絡を取り合い対応を重ねていった。

一方、教室では、いじめの事実と向き合う話し合いを重ねたが、説教して「これからは気をつけようね」という話にはならない。新たに人間関係を組み換え、作り直していく活動が必要なのだ。そのために大切にしたことが、自主的で創造的な楽しい文化活動。

発表会に向け劇活動に夢中になったこと、卒業に向け卒業アルバム製作委員会を立ち上げどこにもないアルバムを作ろうと燃えたこと、卒業式の「よびかけ」を自分たちで考え、自分たちの卒業式を創る取り組みをしたこと。

今も加害者も被害者も心の痛みを忘れていないが、今ある自分を作る何らかの力にはなっているようだ。そうは言いながら、やはりいじめを受けた子の心の傷は深く、それをもっと早くキャッチしてやればよかったという申し訳なさや後悔が今も心にある。

第36話

親子でいじめを乗り越えて

昨年の大晦日、教え子からこんな便りが届きました。糖尿病から目を悪くされたお義母さんの世話をしながら、広汎性発達障害の息子の子育て奮闘中の絵美ちゃんからです。

◆ ◇ ◆

今年も残りわずかですね。先生、相変わらず忙しく、そして充実した毎日をお過ごしのことと思います。

優一は、2年生の時、ほぼクラス全員からイジメられていたんです。私は「学校に行きたくなかったら、別に無理して行かなくてもいいよ。勉強はどこでもできるよ」と言ったこともあります。でも、優一は「3年生になって、理科の勉強がしたいねん」とよく言っていました。

小学校の読み聞かせ活動に参加し、頻繁に学校に行っている私に、ある日突然、一

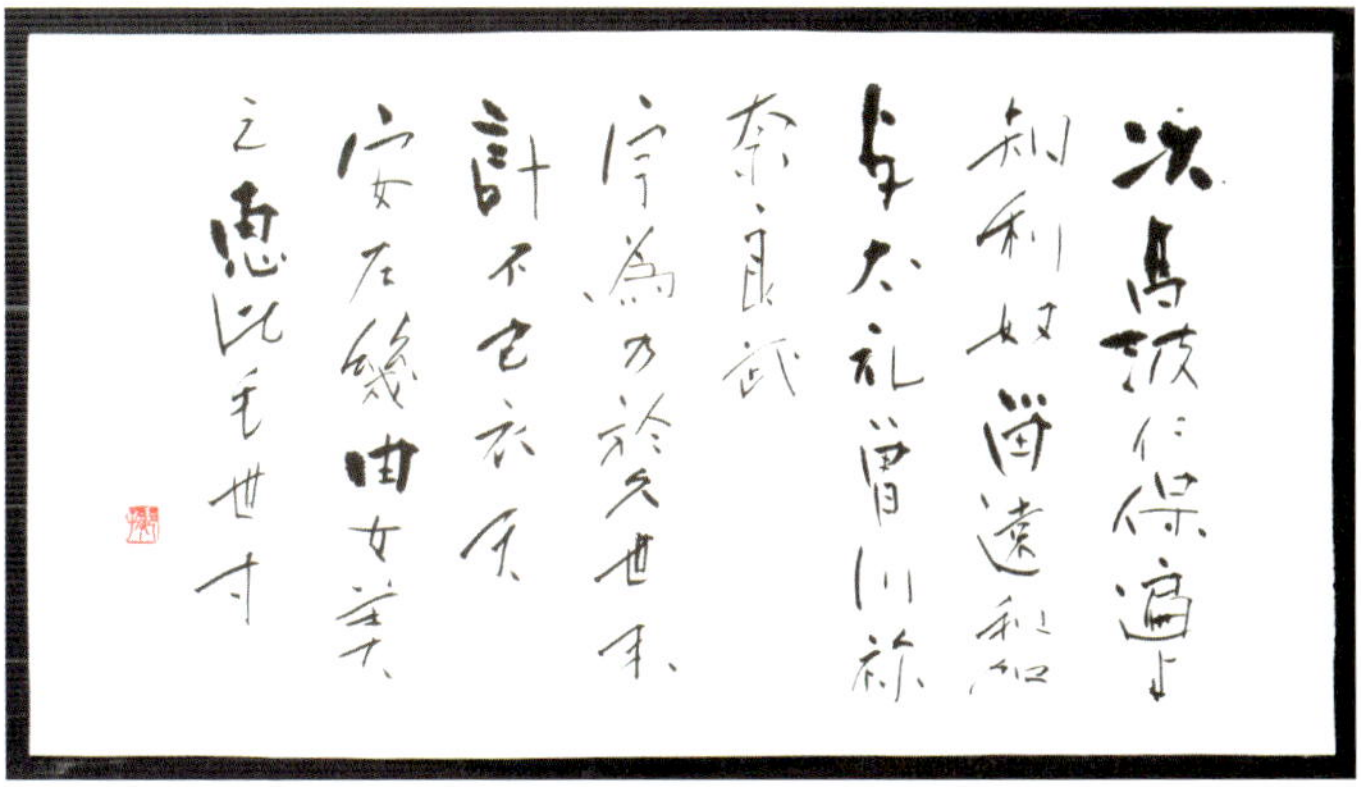

「いろはにほへと」だよ。文字っておもしろい！

人の児童が「オレ、今まで優一のことイジメてたけど、もうせえへんから、ごめんな」と言ってきたのでした。この児童の中でも、いろいろな葛藤があったのでしょう。それから後、この言葉をきっかけに、担任の先生がクラスで話し合いを持ち、イジメをしていた児童の各家族へ連絡をし、イジメはなくなりました。２年生が終わる直前の２月でした。

　本当にイジメは解決したのか、と不安なまま春休みに…。

　春休み中はずっと優一のそばにいたくて、３月20日で仕事を辞めました。春休み中、クラスメイトでイジメをしていた子らを何回もわが家に招いて、私も一緒に遊びました。「優ちゃんの母ちゃんは一緒に遊んでくれていいなあ」と言ってくれていました。

優一には、何か自信を持てるものや、自信が持てるきっかけを作ってあげたくて、今やってみたいことを聞くと、その当時テレビで再ブームになっていたルービックキューブを全面揃えたいとのことでした。30年前、私も今の優一と同じ年の頃、よく遊んでいました。私は1面しか揃えられませんでしたが、優一はわずか1週間で猛特訓の末、6面全面を5分程度で揃えられるようになったのです。

4月に入ると、私宛に合格通知が届きました。2カ月前に介護福祉士の国家試験を受験したのです。息子のイジメ問題、読み聞かせの役員の引継ぎ、同居しているお義母さんの入院など、いろんなことが重なった時期の試験でした。

3年生になると、急に学校の話を沢山するようになりました。担任の若い男の先生が大好きなようです。

優一は、3年生になり、通常学級のみで授業を受けていますが、授業中に発言ができるようになりました。大好きな理科の時間は、クラスの誰よりも核心を捉えた視点で物事を見ることができるとか。また、自分で文章を作る問題や作文の中に、友だちが出てくるようになったのです。

あの時、イジメがあった時、何人かの保護者の方が子どもと一緒に私と優一に謝りに来てくれました。私の方が「正直に言ってくれてありがとう」と頭を下げました。許すか許さないかは、優一が決めることだし、優一は誰も憎んでいませんでしたから。

あれから春、夏、秋と季節が過ぎて、今年1年、優一はいろんなことにチャレンジしました。漢検8級も合格したんですよ。

昨日24日はクリスマス・イヴでした。サンタさんへの手紙には、欲しいおもちゃと「もしおなかがすいていたり、のどがかわいていたら、れいぞうこをあけてください」とのメッセージがありました。この暖かい言葉は、優一から私たち両親への贈り物だと思っています。優しい子に育ってくれてありがとう。

私の方は、介護福祉士としての仕事が決まり、がんばっています。今年1年は、あっという間に過ぎました。先生と会いたいと思いながら会えないままでした。来年はお会いして、ゆっくり話がしたいですね。そして時々、あの2年生のとき好きになった作文のように、お手紙を送ります。

◆　◇　◆

次回は、この便りへの私の返事を書きたいと思います。

第37話

本物の優しさで成長する親子

■絵美ちゃんへの返信

今、絵美ちゃんや優ちゃんのことを思い出しながら年賀状を書いていたところでした。

絵美ちゃん、また一つ子育て峠を越えた1年だったんだね。いつも、あなたからの便りに励まされています。そして、人間の教育の力の大きさに胸を熱くしている私です。

2年生の時、ほぼクラス全員にいじめられていたという事実。どれほどか心配もし、心を傷めたことでしょう。それを思うだけでも、私の心も痛いです。なのに、あなたは、クラスの子らや担任、いや学校を責めることなどいっさいしていない、その姿勢に驚いています。

わが子に「学校に行きたくなかったら、無理しなくてもいいんだよ」と言える絵美ちゃんもすごいし、その中ででも「3年生になって理科の勉強がしたいねん」と学ぶことに意欲を見せる優ちゃんもすばらしいです。

あなたが読み聞かせのボランティア活動に積極的に参加し、学校を拒否せず働きかけを続け、その姿に担任の先生が動き、いじめをなくす取組みが進んでいったのでしょう。

　それにもまして、イジメをしていた子らにも葛藤があったんだと捉え、春休み中、その子ら

ティッシュペーパーを筆がわりにおもしろい線にわくわく（喜）

をわが家におよび一緒に遊んだ絵美ちゃん、私はあなたの生きぶりに頭が下がります。

そして、春休み、仕事を辞める決断をし、何か自信を持たせようと子どもの好きなルービックキューブの特訓。できた時の絵美ちゃんと優ちゃんの笑い声がここまで聞こえてきそうです。

しかも、お義母さんのお世話をしながら、介護福祉士の国家試験に挑戦し合格！やったね絵美ちゃん、おめでとう、よくやった！

自分の人生を自分で一つひとつ切り拓いていく絵美ちゃんのたくましさ、私が教えられています。私の方が教え子やなあ。

3年生になった優ちゃん、ぐっと成長したね。イジメの加害者を憎まず、作文にも友だちが登場してくるんだもんね。

理科の授業に興味を持ち、核心を捉えた視点で物事を見ているとのこと。具体的にどんな授業で、どんな話をしているのか知りたいなあ。知的な好奇心が育ってきてるね。大きな成長の証しです。漢検合格もやったね。

それにもまして、優ちゃんも絵美ちゃんもイジメの加害者を憎まず、本物の優しさで向き合い、人の心を融かしていったことは感動です。

クリスマスイブに「もしおなかがすいていたり、のどがかわいていたら、れいぞうこをあけてください」。サンタさんへの手紙にこんなことを書いた子どもを知りません。私は泣けました。優ちゃんを抱きしめたくなりました。それを優ちゃんからの両親への贈り物だと捉え、一緒に喜び合える絵美ちゃん夫婦に拍手です。ご主人にも会ってみたいなあ。

こんなすてきなクリスマスプレゼントが届き、私は何よりうれしいです。

この1年、会えなかったけど、その間の親子の成長ぶりは10年くらいの値打ちがあります。

思えば絵美ちゃんとは、あなたが小学校2年生の時以来のつき合いだもんね。2年生の時、作文が好きになり、あれ以来、うれしいこと、悲しいこと、苦しいことを、書くことで乗り越えてきたという絵美ちゃん。

そして、こうして今も届くあなたからの手紙や作文、私は両手でしっかり受け止めたいです。

今度会った時は、またどんな話が聞けるか楽しみにしてるよ。わが家にも遊びに来てね。5月の息子のコンサート、土曜日の夜だから、今度はご主人も一緒に来てくださいよ。待っています。

今年、最後の幸せを絵美ちゃん親子にもらいました。ありがとう。

第38話 主人公は誰だ?! 自治能力を育ててこそ

■静かな大学

忙しい年末に総選挙が行われた。厳しい時代だが、明日を拓く力は、確かに前進していることが実感できた。しかし、投票に行かなかった人が有権者の約半数もあったのは、極めて大きな問題だ。これこそ政治の責任でもある。香港では、学生たちが選挙権を求めて命がけの闘いを起こしているというのに。

教育に携わる我々は何をしなければならないのか、今考えさせられている。

そう言えばこの6年間、大学で仕事をしているが、原発問題が起ころうが、秘密保護法が問題になろうが、今の大学は静かだ。

講義室に向かうロビーに音楽が流れ、ストリートダンスを練習している姿は活気がある。ところが彼らは、掲示板のガラスに踊る姿を映して練習している。

「あの後ろの壁に鏡を設置してと大学に要求したら。高い授業料払ってるんだから、もっと学びやすく生活しやすい大学に変えていこうよ」と呼びかけているが、動いた形跡はない。誰のための大学なのか。学生の自治意識は育っているのだろうか。

■要求を育てる

私は、小学校の現場にいたとき、集団作りの中で自治能力を育成することを重視してきた。学級や学校を作るのは誰だという思いで。

新しくクラスを持つと「みんなはどんなクラスにしたいの？　こんなことやったら学校が楽しくなる、こんな勉強なら面白くなるということはないかな？」と呼びかけ、要求を育てることを大事にしてきた。

「えっそれは先生が考えることじゃないの」ときょとんとする。「ほら、席替えってどんな方法でやるのって言ってたでしょ。その方法を考えて決めるのは君たちだよ」。

「えーっ、そんなのぼくらで決めていいの」と喜ぶ。

「昨日の休み時間『ドッヂボール、クラスに2個ほしいわ』って言ってたでしょ。その意見出して、意見が通ったら嬉しいよね」。こんなふうに自分たちの提案を出していいんだ、その声で学級集団や授業を作っていくんだということを学ばせていく。

要求というのは耕し意識化させて育てていかなければ眠らされてしまうのだ。派遣労働のような働かされ方を当り前だと思わされている若者は、権利が侵害されても怒りすら覚えなくさせられている。

少しずつ目覚めてきた子どもたちは次々と要求を出してくる。

○今度の学級活動の時、飛行機とばし大会をしませんか
○次の体育で「シュートゲーム」がしたい
○掃除グループの人数が片寄っているので変えてほしい
○ゆきちゃんのおばあちゃんにこの前、蚕のまゆもらったから、金子みすゞの「かいこ」の詩を勉強したい
○この教室暑い! クーラーつけてほしい
○2時間目の休み時間を15分から20分に延ばしてほしい等々

■自主規律も学ぶ

ここで大切なことは、こうした要求を実現させていく道すじを学ばさせることだ。同時にどんな要求も出したい放題ではなく、その要求の妥当性をみんなで論議すること。そして、その実現のためには約束事や自主規律が必要なことを学ばせていかなければならない。

例えば、飛行機とばし大会ならレクリエーション係が企画し提案する。やってみると上手くいかない。すると、それはなぜなのかを考えさせ、再提案をさせる。やっている時、約束事を守らない人がいると、お互い注意して自分たちで律していかないと上手くいかない。教師が頭ごなしに上から叱るのではなく、自分たちが、自主的に規律を作り、みんなで考えるということを身体で学んでいくのだ。

「シュートゲーム」をしたいというので、体育係にそれを研究させる。初めからたくさんルールがあると難しいので、少しに絞ってもらう。ところがやってみると混乱してしまった。では、どんなルールが必要なのか。また考え合う。こんなプロセスを大切にしたい。

休み時間の問題は、クラスでは解決できない。そこで、先生が学年末の職員会に提案するということで実現のすじ道が見えてくる。

こういう自治能力の形成を積み上げていくことが、国の政治も自分らで作るという意識を育てるのではないかと改めて考えている。

第39話

卒業式は誰のため？

「卒業式で教員が本当に君が代を歌っているか——。和泉高校の校長が教頭らに指示して教員の口の動きを監視させていた。歌わなかったと判断された教員らは事情聴取のうえ、処分も検討」（朝日新聞12・3・16付）。

この日の夜のニュースステーションでは、3人のコメンテーターが口をそろえて、「卒業式は誰のため？　何のため？　こんな式に出席した生徒はどんな人間に育っていくのか恐ろしい気がする」と発言していた。

■子どもらと創る卒業式

私も卒業生を何回も送り出してきた。卒業式は、子どもと一緒に創っていく最後の授業。そして、一生の思い出にしようと取り組んできた。

卒業のアルバムも式当日の「よびかけ」も実行委員会を作り、子どもたちの意見を

一晩で鳥に食べられる　今年こそお先に

寄り合わせて作成してきた。

どこにもない自分たちの卒業アルバムを！　大好きだった絵も入れよう、心に残った授業のことも載せたい。紋きり型でない作文（6年生で書いた中で一番心に残ったもの）を載せたいと話し合いながら工夫したものだった。

そして満室の舞台、壁面の掲示物は、子どもたちの手で飾り、と前面の舞台は全クラスの子どもたちの貼り絵で、出席者をあっと言わせる作品を創り上げた。壁面は当日式に参加できない1年〜4年生の子たちの似顔絵と花で飾った。式は厳粛にというが、子どもたちの精一杯の輝きがあふれていた式場は、まさしく厳粛そのものであった。

そして、圧巻だったのが「よびかけ」だった。毎年ほとんど変わらぬ文言でのこれまた紋きり型もあるが、子どもたちが歩み育ってきた6年間は、毎年違って当たり前。ぼくたちの「よびかけ」を創りたいと知恵を出し合った。

■成長を語る「よびかけ」

私のクラスでは、入学から卒業までのさまざまなできごと、ドラマ、成長のあしあとを年表ふうに作り上げ、そこから言葉を拾って「よびかけ」に結晶させていった。

そのプロセスで「先生もよびかけで、思い出を語ってや。未来のきみたちへもここで言ってください」「それやったらお母さんたちにも言うてもらおうや」という意見が出て検討することになった。職員会議で先生方にお願いをし、ＰＴＡの委員会では保護者によびかけていった。みなさん、子どもたちのこうした提案を快く受け止めてくださって、先生も親もともに参加するかつてない「よびかけ」が実現したのだった。

「1年生入学してまもなく『先生、目も手も足も勉強するねんな』と言って鉛筆を握りしめて真新しいノートに字を書いた日のこと、よく覚えていますよ」

「かけ算の7の段がなかなか覚えられなくて、ちょっぴり涙ぐみながらがんばったあの日、『覚えた』と先生に抱きついてきたことを忘れません」

「『ごんぎつね』のごんが死んだとき、『先生、ごんかわいそうや』と言って声をふるわせて、最後の朗読をしてくれたこと、昨日のことのようです」

こうして担任してくださった先生方が当時のエピソードを心をこめてよびかけてくださったのです。

それに続いて、お母さん方のよびかけです。

「夜泣きをして困らせた子がもう1年生。赤いランドセルを背負って学校へ行く姿を見て胸いっぱいになった母さんです」

「学校に行きたくないと朝から言い出し、不登校になったらと不安になった母さん。仕事を休んで話を聴きました。夜抱いて寝たら次の日から元気に学校へ」

感動の涙でいっぱいになった卒業式。口をあけたかどうかなんて問題外。その先生方が子どもたちとどんな教育を創造してきたのか、式を創り上げる取り組みの中で、子どもたちがどんな成長をみせてくれたのかこそ問いたい！

長いものには巻かれ、自分の言いたいことがあっても黙って従い、従わない者には懲罰を下す。そんな大人たちの姿を見て、子どもたちは未来に向かって、どんな人間になっていくのでしょうか。

第40話

子ども同士のトラブル親もいっしょに解決

■友だちほしいからや

これから職員朝会が始まろうというあわただしい時間に、親からの電話です。じゅんちゃんのお母さんからでした。少し興奮した声で、クラスのゆうちゃんが「止めて」と言ってもちょっかいをかけ、いやがらせを続けるから学校を休みたいと…。

「それはご心配ですね。早速今日、話を聞いてみます。様子がわかったらまた連絡入れますから。いやあ実は最近、じゅんちゃんの表情が暗く気になっていたところでした。よう連絡してくれました」

「先生、じゅんはね『いややけど、ゆうちゃんほんまは友だち欲しいんとちがうか』って言いますねん」

「そんなふうに考えられるって、じゅんちゃんはずいぶん成長しましたね」

昼休みに話を聞こうと思っていた矢先の給食時間でした。ちょうどその日は2人の

信州の春　田植えの水の音が聞こえる

いるグループで私が給食をとる順番でした。しゃべりながら食事をしていると、じゅんちゃんが自分から訴えたのです。

「先生、ゆうちゃんのことぃやゃねん、止めてほしいのに止めてくれへん」

「そうか、いやだったね。でも自分からよう言えたやんか」

「私にだけ違うで。他の子にもいやなことしてる！」

「じゃあきょう5時間目の学級活動の時、みんなにも聞いてもらって知恵を借りよう」

そして、話し合いの時間、じゅんちゃんはしっかりと自分の思いを語ってくれたのです。すると、克ちゃんが「ゆうちゃんはな、友だちになって遊びたいから、そんなんしてるんちがうか。オレらと遊ぼうや」と。

友だちの行動の裏にあるものを読み取り、みんなでみんなをよくしようとする空気ができてきた3年生の成長をうれしくも思った日でした。

■うちへ連れておいで

その夜、じゅんちゃんの母親に電話を入れました。

「先生、きょう1日のこと、じゅんから聞いて安心いたしました。明るい顔で帰って来ました。私たちもこの学校に転校してくるまでいろんなトラブルを経験し悩んできました。私ね、娘に言うてるんです。『ゆうちゃん、妹も連れてうちへ遊びにおいで』と言うてあげなさいと。娘は『またいやなことしたらいやや』と言うんですが、父親が『よっしゃオレが遊んだるから』って言うてますわ」

「まあ、そんなふうに受け止めてくださって感謝感激です。ありがとう」と言うと、電話口でいっそう弾んだ声で「ゆうちゃんのお母さんって、あの角の弁当屋さんですよね。ご挨拶だけはしたことありますが、ゆうちゃんのお母さんとは知りませんでした。ついこの前知ったんです。あの方よう働いてはりますよね。またお弁当買いに行って、親もお友だちになりますわ」

なんだか電話口でうるっときてしまった私でした。

すぐにムカつく、キレる、大人も子どもも他人に攻撃的な現代ですが、わが子がいやな思いをしたというのに、クラスの友だちや親をこんなふうに見ていただけるなんて…。まだまだこの時代見捨てたもんじゃありません。親を「モンスターペアレント」なんて呼ばないでと思うのです。

あの池田の事件以来、何かあると学校から不審者対策の手紙を配布しているのです。この日も不審者に気をつけろ、優しい声をかけてきても知らない人には付いて行ってはいけません…と。人を見たら気をつけろという手紙を配りながら、淋しい時代だなあ、だから今こそ人は信じられるということを身をもって伝えたい、と改めて思った日でした。

なぜかこの日、一番安心した表情をしていたのは、ゆうちゃんでした。

親にも、子どもの間でのトラブルをどう受け止め、どう解決していくのか学ぶ機会になればと思って、この話を両方の親の了解をとって、学級だよりに掲載したことでした。

第41話

親と教師をつなぐ連絡帳

■「お話コーナー」を設けて

明日の持ち物や宿題などを書く連絡帳。単なるメモ帳ではありません。2年生の親に「連絡帳を見て、明日の持ち物を一緒に点検したり、今どんな学習をしているのかも知ることができるので、毎日見てあげてください」と言うと、「子どものメモなのに、なぜ親が見るのか」と抗議めいた返事が返ってきたことがありました。では、見たくなる連絡帳に変えてやろう、と学校の様子を日記風に書いた「お話コーナー」を設けたのです。

これだと「今日はこんな勉強をしたのか、友だちとおもしろい遊びをして楽しかったんだ。家では食べないひじきを給食では食べて、すごいじゃないの」と日々の学校生活の様子がわかって、喜ばれる連絡帳になったのです。

■安心、喜びを届ける

連絡帳は親と先生をつなぐ大切なパイプにしたいもの。
「夕べ熱があったので、薬を持たせていますので飲ませてください」（親から）
「わかりました」の1行ではパイプになりません。
「忘れないように私もメモしていたのですが、自分から『給食終わったら飲むから忘れてたら言うてな』と友だちに頼んでいるのです。大したもんでしょ。病気も子どもの成長のきっかけになるんですよね。ちゃんと飲みましたよ。ご安心を！」（先生より）
頭をかかえていた割り算ができ、ほめてやってほしくて、

表装に使った布は旅先（柄の浦）でみつけ、ゆずっていただいた

「お母さん、割る数が2ケタの割り算今日できるようになりましたよ。お母さんの目の前で486÷73をするので、うんと喜んでやってくださいね」（先生より）

「ありがとうございます。私がガミガミ言いすぎて自信なくさせていたのかと反省。久しぶりに頭をなでてほめてやりました」（母より）

「まあ、頭をなでてほめてくださったんですね。そりゃあ、けんちゃん嬉しかったでしょうね。大丈夫、あせらずやりましょね」（先生より）

■元気を届ける

参観と懇談会のあった翌日です。「4年生になってさすがです。本を読む声にもやる気が出ていて、仕事休んで来たかいがあったと嬉しくなりました。懇談会では自分の子育てを振り返るいい機会になり、今晩はゆっくり子どもの話を聴いて一緒に遊んでやろうと思えました。次の懇談会にも参加したくなりました」

こんなたよりをいただくと、疲れがとれて、今日もがんばるか、と元気をもらいます。

連絡帳1冊が先生に大きな元気を届けるのです。年度末など終業式に、一言ねぎらう言葉を届けてくださるとありがたいです。来年も親や子の期待に応える仕事をしよう、と教師もやる気が出ます。

反対に、親をがっかりさせ元気をなくさせる場合もあります。毎日のように学校から「またケンカして、ともくんをたたき、厳しく叱りましたが、おうちでも二度とないようにさらに厳しくしつけてください」などと書かれると、思わずわが子を感情的に叱りとばしますよね。学校でのケンカを家庭でもう一度厳しく叱れ、と言われたら、子どももたまったものではありません。

また、親が心をこめて連絡帳にお話を届けても、ハンコ一つ押しただけで返却されたのでは、もうあの先生に話を届けたいと思わないでしょう。

生きたパイプになり、安心や喜びや励ましを届けあう連絡帳にしたいものです。

最後に一つ。最近、親から非常に感情的かつ攻撃的な文面の連絡帳が届くことがあり、先生方が頭を痛めています。

確かにもう少し常識をわきまえた文面であればと思いますが、子育ての不安をこんな形で出してくるのです。それでも担任に聞いてほしいからこそペンをとっているのです。

頭ごなしに反論を書かず、「ご心配でしたね。明日ゆっくり話を聞かせていただきたいので、お時間とっていただけませんか」と書き、顔を合わせて話をすると、親御さんの心も優しく溶けていくことでしょう。

第42話

保護者とつながる若い先生

新学期に入ってからも3人の若い先生から保護者との問題で相談を受けました。「モンスター」などと言われる今なので、一層神経をとがらせピリピリしているのです。先生に突っかかってきているようで、それが実は、親自身の子育ての不安からきていることがよくあるのです。親は、本当は先生と仲良くしたいと強く願っています。

■久美子先生の呼びかけ

サークルの仲間、久美子先生が、どのようにして保護者とつながっていったのか学びたいです。彼女は、まず保護者を「子育ての経験のない私にとって先輩であり、子どものことを一番知っている最強の味方だ」と捉えています。

1年生の教室にいる、川崎病の後遺症から心臓に障害のあるさおりちゃんが急に手術をすることになったのです。「クラスのみんなに忘れられたらどうしよう…」と漏らす7歳のさおりちゃん。

クラスの保護者と話をしたら「そりゃあ親の心中は大変なんてもんじゃない」と聞き、久美子先生は思ったのです「私の力ではだめだ。保護者の気持ちが分かるのは保護者しかいない。助けてもらおう」と。保護者を敵にまわすのではなく、助けてもらおうという発想の転換、いや保護者と力合わせてという捉え方が大切なのです。

この一文字わかるかな。「光」だよ

そこで通信でメッセージを募集したのです。なんとたくさんのお母さんから、あたたかいメッセージが届き、千羽鶴も作ろう、写真や切り抜きを入れたアルバムも届けようと。久美子先生が一番びっくりです。

■病気の子守る人垣の輪

こんな保護者の動きの中で、なんと子どもたちもさおりちゃんを手術してくれる先生に手紙を書きたいと言い出すのです。

「まるやませんせいへ　さおりちゃんをたのみますよ。あきらより」

こんな子どもたちの心と言葉に押されて、多忙な医者から、なんと子どもたちにたよりが届いたのです。

「おてがみありがとうございます。さおりちゃんは、けんたくん（クラスのマスコット人形を病院へ連れて行っている）といっしょにまいにちがんばっています。

みんなのおてがみで、みんながさおりちゃんをしんぱいしていることがよくわかりました。さおりちゃんもせんせいもがんばって、はやくさおりちゃんがげんきにがっこうにいけるようにします。みんなでさおりちゃんをおうえんしていてください」

子らの手紙を読んで、一層身の引き締まる思いがしたと言われる丸山先生。子どもたちの手紙が、会ったことのない医者の心まで動かしたのでした。

さおりちゃんのお母様は、ほかの保護者からのメッセージで「一人じゃないんだ」と勇気が出て、病院に行くときはいつもそれをカバンに入れてお守り代わりにされていたと言います。

親と教師が手をつなぐと、こんなドラマが生まれ、人を動かし守る大きな人垣になるということです。ここに今日の教育の困難を拓く鍵があると改めて実感します。

■親同士の「花まるノート」

久美子先生は「私、同じ学年に友だちがいないんです」というある保護者の言葉を聞き、こちらから保護者に協力はお願いしても、親同士がつながる手だてをしていなかったと思い、「花まるノート」という親の間をまわる雑記帳を提案したのです。しかも、学年3クラスの先生方と相談して、みんなで始めようとなったのが、これまた素晴らしいです。

主任は大ベテラン。えてして「今の親は大変だし、ノートに書いてあることでトラブルが起きたりしたら困るから、それは無謀よ」と止める人が多い中で、大した先輩教師です。

自分の紹介、家族のエピソード、共通の趣味がよかったり、実家が近くだったりもして、つながりが広がり、学年集団が居心地のいいところになっていったのです。話は前後しましたが、こういう親同士のつながりの広がりの中で、病気で手術した親子への支えの取り組みも生まれたのでした。

親とつながる実践を私が話すと「土佐先生だからできるのです」と言われるのですが、いえいえ、若い先生方の中に親とつながる素敵な実践が次々と生まれてきているのです。

第43話

いい職場から先生が育つ

■いい職場とは

若い先生が増えました。生き生きと育っていく先生と、辞めていく先生とは、何がどう違うのでしょうか。個々人の事情はあるのでしょうが、若い先生が育つには、職場のありようが大きく関係しているということを実感しています。

それでは、いい職場とは、どんな職場なのでしょうね。

まずは、何と言っても管理職のありようでしょう。今日の管理職は、非常に厳しい状況の中で、できれば辞めたいと悲鳴を上げながらそれでも奮闘しています。いい職場は、管理職が子どものことをよく知っていて、職員室で先生方と子どもの話をしっかりしているのです。そして、先生方の意見に耳を傾け、共感したり、励ましたりしています。先生方が悩んだときは、よく話を聴いてあげ、対保護者との問題のときなどは、一緒に解決のために行動しています。

　二つ目は、頼りになる先輩方がいて、若い先生と一緒に学んだり、教育活動を創ろうと努力している職場です（組合員にはそういう方が多い）。

ふるさとの俳人「夢道」の句をそえて

　三つ目は、若い先生同士がよく話をしたり、飲みに行ったり、学びの場に足を運んだりしている職場です。

■私の職場作り

　私自身も学級作りと同じぐらい職場作りにエネルギーを注いできました。そうすることで、働きやすい職場になり、自分の教育実践も豊かに展開できるからです。そのためには、志を共にできる組合の仲間が増えることが大切でした。

転勤していった学校は荒れ、親からの苦情が委員会にずいぶん上がっていたようで、管理職は疲れ果てていました。学校は汚れ、職員室もドロドロ。みんな疲れておられるんだと一目でわかりました。余裕がなくなると、お互いを責め、ギスギスした関係になり、飲み会すらできない状態だったようです。

子どものようにお互いの悪口をひそひそ話でしている職場の空気にギョッとしたものでした。ずいぶん悩み落ち込みましたが、ある日、ふっと思ったのです。悪口を言うのは他人には関心があるんだ、しかし先生たちが自分の仕事に自信や確信や喜びが持てないからなんだと。

その時から私は、対応を変えました。大変だった学校の様子、一人ひとりの先生方の悩みや不安を聴かせていただこうと努力し始めました。同時に、職員室で子どもの話をたくさんして、先生方の頑張りが明るく語れる空気を作っていきたいと考えたのです。

「先生、今日の全校朝会のときの話良かったですね。子どもにすっと入っていて、よく聞いてましたね」「さっき廊下通ってたら先生の板書が見えて、ていねいに書かれた、よく整理された板書で、まねさせてください」「先生とこのあの子どもの絵、いいですね。

一人ひとりすごく個性的で、のびのび表現できていて、どんなふうに指導しはったんですか。教えてください」「さっき印刷室に先生とこの学級通信が落ちていてもらってきました。おもしろいですね。子どもの日記、うちの組でも読んであげたいです」と大きな声で話しかけていったのです。どの先生からも笑顔が返ってくるのです。

掃除や片付けが大好きな私ですから、職員室を美しくして、いつも花も生けました。お酒の好きな友だちと相談して、飲み会を計画し、管理作業員、給食調理員さんにも声をかけ、みんなに呼びかけました。「長いこといろいろ大変だったから、飲み会もない淋しい学校になってたんや。やってくれてありがとうね」と調理員さん。

久々にこられたＰＴＡの会長さんが「学校の空気変わりましたねえ。職員室に先生が寄ってきて、笑い声が聞こえますなあ」と言ってくださったものでした。

若い先生たちが教材研究をしたいと集まるので、一緒に仲間に入れてもらい、共に学び合いました。組合の「せんせの学校」に来てくれたり、サークルに一緒に行く若者も出てきて、職場のなかに「学ぶ」という雰囲気が広がってきたのは大きな力でした。

管理職の理不尽な言動にはすぐに対応したので、頼りにされるようになり、組合への信頼も広がりました。職場って変えられるんですねと新しく組合に入った若者の言葉です。

第44話

命を削って働く先生たち

「先生は、給料がいいし、休みも多いから楽でよろしいなあ」と言われたり、一部の心ない教師の起こす事件で「近ごろの教師は…」と厳しいバッシングを受けたり、ということが増えました。

しかし今、日本の先生たちはまさしく命を削って働いているのです。

暑い夏の日のことでした。学校帰りに涼むつもりで思わず飛び込んだ喫茶店。「あー、暑かったなあ。37度の部屋で1日クーラーなしの生活って地獄やなあ」と言うと、ウエイトレスのおばさんが「えー、今どきクーラーのない仕事場があるんですか」

「そうですよ、クーラーはないし、1日騒音の中で、しかも立ちっぱなしの仕事で、もうくたくたですよ」

「みなさん、何の仕事してはるんですか。まるで昔の『女工哀史』みたいでんなあ」と言われ、私たちって、えらいところで働いているんだと苦笑したことでした。

近所の家のぼたん　座り込んで夢中で描いた

朝6時50分に家を飛び出し、8時に学校に駆け込む。急いでプールサイドへ走り、水温を測ったり、消毒液を入れたりと準備をする。今日の学級だよりと夕べ作った算数のプリントを印刷し、社会の資料を整えて教室へ走る。窓を開け、昨日のテストの丸つけを始めたら、保護者から電話だというので職員室へまた走る。『友だちともめて学校に行きたくない』と言ってるので、先生頼む」と言うのだ。とにかく顔を見てこようと、自転車で家へ向かう。説得して自転車に乗せ、また学校へ帰ってくる。朝から汗が流れる。

すぐに職員朝会、研究授業の検討会を早くしてほしいという。次々と仕事や取り組みが追いかけてくる。目が回る。教室へ向かう。何やらにぎやかで、朝からもめている。暑い！　やかましい！　37度の教室で朝からケンカだ。話を聞いてやって、朝の会が始まる。

4人の子を置いて母親が家を出た子が休んでいる。心が痛む。連絡ノートを見ると、万引きをしたわが子のことや、家で暴れる兄のことで相談したいと書いてある親もいる。日程を調べ、学校に来てもらう日を連絡する。

そしてやっと授業。休み時間には丸つけをし、トラブった子どもの話を聞いてやる。さあ次はプールの時間。駆け下りて行って、水着に着替え、プールサイドへ。終わると着替えて理科の実験の用意。

昼になれば、給食の準備を一緒にして、子どものグループで話を聞いてやりながら流し込むように食べる。あっ、今日もトイレに行くのを忘れている。病気になる…。

給食を済ませると一緒に片づけ、「先生、今日Sケンして遊ぶから、先生はぼくのチームやで」と、食べ物がまだのどを通っているのに遊び仲間入りし、一緒に汗を流す。チャイムが鳴ったら掃除や。何カ所もの掃除場所を回り、ほうきで掃き雑巾がけをする。

チャイムが鳴ると、5時間目の授業。3時半に6時間目が終わり、終わりの会をしていたら、研究授業の検討会を始めるから集まれ、と放送が入る。また走って行く。5時過ぎまでかかる。また教室へ戻り、日記に返事を書き、提出期限の迫った書類を書く。あっ、6時を回っている。夕方からの組合の会議にまた走って行く。10時に帰って、そこから学級だよりを書き、明日の教材の用意をして、それでもまだ頭はオン状態。オフにならぬ頭で横になる。今寝たのにすぐ朝が来る。

そして、また慌しい1日が始まる。休息、休憩時間なんてない。トイレに行くのも忘れるほどの日々。

病気をしてもクラスをみてくれる先生がいないから（いても忙しい同僚に気を遣う）休むこともできない。

評価制度が導入され、校長にＳＡＢＣＤなどとランクづけされて息が詰まる。しかもそれで給料格差がつく。大阪府知事が橋下徹氏になってからその給料も1万～5万くらいカット。

そして大阪の子の学力が低いのは、先生よ、お前たちが悪いとバッシング。1クラス40人の児童がいて、病気をしても替わりの先生もいないほどの定員削減、親の暮らしはズタズタで、そのしわ寄せが弱い子どもたちを直撃。精神を患って学校に来れない先生が増えている。これでも教師は楽ですか？

第45話

消えた夏休み

■現場はブラック企業並み

1学期が終わり、子どもたちも先生もほっとひと息。

終業式の夜、若い先生から「1学期ホント疲れました。身も心もボロボロ、横になったら熱が出てきてダウンしています」というメール。座れない子、暴力をふるう子、授業妨害をする子、親とのトラブル。こんな大変さを理解してくれない管理職への憤り。

毎日学校を出るのが夜の8時、9時。山のような書類や公務分掌を片づけるのに土日も出勤。まさにブラック企業そのものの今日の学校現場。

中学校では、これに部活が加わる。娘夫婦が教師をしている知人は、毎日孫の面倒をみ、夕食を作り、夜遅く帰って来る娘夫婦に孫を渡して1日が終わる。「私もクタクタですよ。わが子の子育てもできない今の先生の生活ってどうなっているのだ」とぼやいている。

母の病院への見舞の道で　ふるさとここにあり

■プール当番、研修、巡視…

やっと夏休み、少しは心も体も休めないではもうもたない。なのに休みに入っても、プール当番、日直はもとより、研修のオンパレード。草ひきや地域の夏祭の巡視で、土日もかり出される。

10年くらい前からだろうか。「先生は夏休みがあっていい。私たちはせっせと働いているのに、さぼって給料もらってけしからん」。こんな世論に押されて、先生の夏休みはどんどん縮められていった。10年前は、夏休みは1週間くらい出勤したらあとは「自宅研修権」が認められていた。

人間相手の教育という営みに携わ

る教師が学校と家との往復だけしていて、本当に豊かな教育ができるのだろうか。

■豊かな教育のために

美術館で本物の絵も見たいし、舞台芸術にも触れたいし、スポーツで汗も流したい。山に登って自然に抱かれ、生命を洗ってもきたい。知らない土地を旅して、新しい自分とも出会いたい。日頃読めないまとまった本も読みたい。2学期の教材にある歴史の学習のために、現地に出かけ資料も集めてきたい。そして、いつもほったらかしの我が子の相手もしてやりたい。たまっている家事も片づけたい。心も身体も鋭気を養い、元気になった新しい気持ちで2学期、子どもたちと出会いたい。これでこそ教師の夏休みなのだ。

私自身、教師生活の中で、夏休みはかけがえのない時間だった。何よりもクタクタになった身体を休めたい。そして、じっくり勉強したいと切に願っていた。日頃やれないさまざまな経験も積みたい。我が子との時間も作ってやりたい。

まずはスケジュールを立てる時に、行かされる研修ではなく、自分から求め身銭をきって学びにいく研究会を優先して入れた。家族との旅も思い出作りとして大切にした。毎年、今年はこの文献に挑戦しようとまとまった学習課題を自分で作成し、読書記録などもとって、結構まじめに学習にも取り組んだ。そして、１学期の自分の仕事を振り返って成果と課題を整理して、２学期への見通しを作る作業もした。２学期の教材研究もいくつかやる。文学の背景を調べに現地に出かけたり、歴史資料を探しに歩いたりもした。９月に行われる運動会のリズムの講習会に出かけたり、学年の先生方と指導の段取りをたて、練習も実際にやったりして2学期に備えていた。

そして、全員の子どもたちに暑中見舞いのハガキを書き、子どもらの生活を知ろうと努めたりもした。気がかりな子は、家庭訪問もしてきた。

しかし、これとてやり過ぎだ。外国のようなバカンス感覚で仕事も何もかも忘れ、ただただ心を空っぽにして休養し、生活を楽しむ感覚こそいるのではないかと思う。

退職後、少しゆっくり旅をして、外国の人たちのバカンスに触れると、あくせく働く日本人の生活のありようをはたと考えさせられる。

若い先生は夏休みのきょうも午前中プール指導、午後から二つの研修会、夜は地域の見回りに行くという。明日は朝から1日中出張で、これまた研修会。人権、生徒指導、道徳教育、情報教育、防災教育、英語教育と研修のオンパレードだ。「疲れ果てて寝てばかりだったわ」と苦笑する。

生身の人間教師に夏休みを、と思う。

第46話

知らないことは罪

■土曜授業への怒り

あなたは、先日、支援学級在籍の6年生のあおいさんの日記を読んで考えさせられたと言っていましたね。土曜授業の実施決定の知らせを聞いた時のあの子の日記です。

「反対です。ひきょうじゃないですか。毎日やすみがないですか。おこっています。さいあくじゃないですか。じんせいおわっています。じごくです。なんでそんなことするんですか。ほんまにさいあくじゃないですか。なんでいけんきかないんですか。ありえませんですか。おわっています。（一部略）その日はな、あそぶ日と、ゆっくりする日なんですよ。ずるやすみします。かなしいです。あそびほうだいのじゅぎょうにしてください。人のきもちかんがえてください。ねころがります。めんどくさい～。おたのしみ会します。なんで土曜日にしたんですか。ゆるしません。ぜんぜんスカッとしませんよ～。人の時間とりもどしてください～。ちょう反対です～」

花が笑ってほっこり　そんな字に書けたかな

支援学級の先生が、これは「子どもの権利条約が保障する子どもの意見表明権」で、非常に大切なことだと語られる姿を見て「ぼくはもっと世の中のことに目を開いて、教育のことを考えていかないといけないなあ」と話していましたね。そんなふうに感じられたあなたの感性が素敵だなと思いました。

■エリート育成の陰で

2020年に指導要領が改訂され（全面実施）980時間でも限界といわれた授業時間数が1015時間になりますよね。だから土曜授業がまた始まるのです。競争主義、能力主義が一層激しくなり「特に優れた能力を伸ばすための特別な教育プログラムの編成・実施」が提言され、大阪でも早速、グローバル人材育成のためのスーパーエリート育成が叫ばれています。

その陰で「能力のない人材」切り捨てが進められているから恐ろしいのです。7月、相模原の障害者施設で19人が殺されました。役に立たない能力のない人間は世の中で生かしておくのは税金の無駄という考えで、これは単に異常な青年の異常な事件と言えるでしょうか。いえ、今日の政治や経済、それに直結する教育のあり方が能力主義になってきているからなのです。

あなたは、クラスの子どもたちを切り捨てるわけにはいかない、と昨日も遅くまでわり算のわからない子を一生懸命教えていて「『わかった』と叫んだあの顔が忘れられない。こんな時、先生って一番嬉しいですね」とメールをくれましたね。

そうですよね。なのに国の教育政策は、人材育成のもとで公然と、できない子の切り捨てをやろうとしているのです。切り捨てられた子どもたちは黙ってはいません。「先生、ぼくも賢くなりたいよ〜」という言葉のかわりに、暴力をふるい、いじめをし、不登校になる子もいるのです。その子たちに、心がけのよい子であれと諭す「道徳教育」の教科化も同時に導入されましたね。なぜ今、道徳なのか、背景を知ると許せないですよね。

■再び戦争する国へ

もっと言うと、落ちこぼされた子どもたちが大きくなり、仕事にもつけなかったり、低賃金で働かされ、貧しい生活を強いられるでしょ。そうすると、アメリカの軍隊の勧誘のように戦争する力に利用されるということが出てくるかもしれません。

昨年、戦争法が強行採決された時、自衛隊員の息子を持つ教え子の母親から、不安の電話が入りました。皮膚感覚でぞーっとしたのです。

今またあの戦闘中の南スーダンへ武器を持って隊員が青森空港から飛び立ちましたね。知っていますか。あの空港で、夫婦が涙の別れをしたり、親子が抱き合って見送る姿を見て、えー、これってあの時の戦争風景ではないか、といたたまれない気持ちになりました。

子どもがかわいい、いい先生になりたいと毎日必死でがんばっているあなたは素敵です。

でも今のあなたは、なぜ土曜授業か、なぜ道徳か、なぜエリート人材育成か、なぜ南スーダンなのか…それが見えていません。知らないことは罪です。

目の前の子らの幸せを願うあなただからこそ、今の世の中の動きを知る学びもして、真に平和と真理を追求する本物の教師になってほしいと願っています。

第47話

いま誓う 再び教え子を戦場に送らない

■作文教育を弾圧した戦前

「先生、自衛隊に行っている息子、大丈夫でしょうか」という電話。背筋がゾーッとする。『はだしのゲン』が図書館から姿を消され、戦争のあのにおいのする歴史教科書が大阪でも次々と採択された。

私は今、子どもたちが自分の生活の真実を書いた「生活綴り方教育」が治安維持法で弾圧された戦前の時代のことをしきりに思い出している。

■母

正月におがっちゃんが「お前にはズボンしか買ってやれぬ」と言った。おれは「いらね」と思った。服は破れているのをついできるのだ。つぎしたばかりの服をおれは着た。きっちりしていてせが小さくなったようだ。

冬はおがっちゃんの仕事がなかった。ストーブにもずいぶん石炭を買った。
春がきたらおがっちゃんの親指はれるのもなおるんだ。
（釧路市立旭尋常高等小学校五年白組文集「ひなた6」より）

◆◇◆

子どもたちに生活や思いをありのままに作文に書かせる綴り方教育が「資本主義の矛盾を認識せしめ、階級意識を醸成し」「共産主義社会建設に志向させた」と糾弾され、その証拠品として挙げられたのが、この学級文集『ひなた』6号と10号だったという。

「花水木」まっ赤なピカピカの実
イヤリングみたいでおしゃれだね

子どもたちが大好きで、先生が作詞作曲した学級の歌をみんなで歌う教室、話が面白く、よく絵本の読み聞かせをしてくれた先生、作文や詩を自由に書かせ、みんなでそれを楽しく読み合った教室。

その先生がある日突然、特高警察が学校に泥靴で乗り込んできて、連れ去られた。そして投獄。二度と教室には帰れなかったのだ。

1940年11月21日「北海道綴方教育連盟

事件」だ。このとき、逮捕された教員は全国で137人。この9カ月前、2月には山形県の教員2人が逮捕されている。その1人が村山俊太郎だ。

俊太郎の妻、ひでさんは3人の子を抱え、「春浅く山は美しいのに　あなたをうばわれて　ひとりかなしく」「子どもたちを愛し仕事を愛し悩み苦しみ　そしてそれを否定するもの」「あなたの帰り待つ日々遠く　五月の山は雪うすれゆく」と書かずにはいられなかった心の疼きを言葉にし、歯ぎしりする日々を送らされていく。

じつは、私は大学時代に、この村山ひでさんの『明けない夜はない』という著作物と出合い、生活綴り方への目が開かれ、一人の女性のいや、教師の生き様にふれ、今日までその影響を色濃く受けている。

教壇に立って以来45年間、「なにわ作文の会」という生活綴り方のサークルに通い、その仕事を続けているのはこの延長線上にある。私の人生そのものでもある。

■三浦綾子の遺言

三浦綾子の遺作ともいわれる『銃口』という作品をご存じだろうか。この綴り方事件を題材にした小説だ。「まちがいを教えてしまった自分に、もう教壇に立つ資格はない」

と自責の念にかられ教職を辞した三浦綾子。難病と闘い、薬の副作用による幻覚にも苦しみながら、それでも命をかけて書かないではいられなかった原稿用紙1100枚の大作。まさしく彼女の「遺言」だと三浦綾子記念文学館の理事、松本さんは言う。

綾子は膨大な資料を集め、当時の事件で弾圧された教師たちと直に会い、家族にも話さなかった歴史の真実を聞き取り、小説に書き上げたのだ。「自分たちの受けた苦しみを社会に伝えてもらったことで、父は少しは気持ちが楽になったのではないでしょうか」と関係者のお子さんは語っている。

戦争法案が強行採決され、教え子を再び戦場に送るようなことにはなるまいかとゾーッとした日、私は再び『銃口』を手にし、読み始めた。

「『先生、お変わりありませんか、ぼくは、掘進夫《ほっしんふ》の一員として、毎日坑内にもぐっています。ぼくの父は、一年半前に戦死の通知が入りました』。竜太先生は思わず拳で涙を拭った。この時まだ竜太は、自分自身の背後に恐ろしい足音が近づいていることに気がつかなかった」（『銃口』より）

あの戦争から70年、再び恐ろしい足音が近づいている。騙されないぞと若者たちは立ち上がった。

＊参考『獄中メモは問う　作文教育が罪にされた時代』佐竹直子著（道新選書）

第48話

大阪の作文教育で笑顔の学校づくり

大阪作文教育研究大会が開催されました。２日間で２００人を超える先生方がかけつけてくださって、ともに学び合いました。大学生をはじめ若い先生方の参加が多かったのも特徴的でした。

◆　◇　◆

１日目は、羽曳野市の高鷲南小学校の先生方との共同研究で、12の学級で公開授業が持たれました。この学校は、昨年から学校あげて作文教育の研究に取り組まれ、綴り方のある学校づくりが進んでいるのです。廊下のあちこちに作文が掲示され、全校放送で作文が読まれもします。職員室では子どもの作文を持ち寄って「この子かわいいやろ。見て見てこの作文！」「この作文どう読んだらいいかわからん、意見聞かせて。この頃気になる子でね…」。こんな日常のある学校です。

やんちゃな子どもたちですが、言葉に耳を傾ける空気ができてきて、作文書くのが

福寿草　信州の雪の下で

大好き。「先生、はよ書こうよ」と言い、作文を読み合うのが楽しいと言うのです。

◆◇◆

読者の皆さんは小学校の頃、作文が好きでしたか。書くことが好きでしたか。大学生に聞いてみても、嫌いだった学生が大半でした。なぜって「書くことは遠足と運動会。3枚以上書けといわれたり、上手に書け、詳しく長く書けといわれて、もう大嫌いでした」と言うのです。

私たちは、そんな作文教育はしません。子どもたちの本当に書きたいことを自由にのびのびと自分の言葉で表現することを大事にしています。枚数も自由です。書くことは、自分を表現することで、上手、下手と言うより、生きている姿そのものなのですから、どの子の作文も大切に読みます。

大人も子どもも聞いてほしいことがあってそれを表現したい、受け止めて共感してもらいたいと強く願っている今です。それは生きていく元気をもらう営みなのです。

「きのうすしたべに行ってうまかった。たことマグロ五さらもくってうまかった」

こんな文章も見過ごしていきません。父ちゃんの給料がやっと入って、夕べは家族そろって寿司食べに行ったんやで。大好きな寿司を5皿も遠慮せんと食べて、先生、うまかったでと心はずませて書いているのです。「そうか、そらよかったなあ。おいしかったな。家族そろって行って来れてうれしかったね」とその子の暮らしに寄り添って、子どもを受け止め、生きる力を励ます営みをしているのです。

◆　◇　◆

こういう教育が学校あげて取り組まれたらどうなるでしょうか。先生方が子どもを発見し、暴言を吐いていたあの子がかわいくなったと言うのです。子どもにも先生にも笑顔が戻ってきます。子どもたちが穏やかになり落ち着いてきて、学習にも集中しますます。作文が読み合われるのでお互いのことを知り合えて、学級という集団が作られていきます。仲良くなっていくのです。それにもまして、書くことが好きになった子どもたちは、自分を見つめ、振り返り、考え、自己発見もし、自分の生きている今をひとまとまりの文章に書き上げることで、かけがえのない自己教育をするのです。

その子どもたちの姿を見て、先生方は感動し、忙しくていっぱいしんどいことあるけど、がんばれるよなあと言われるのです。これこそ教育のロマンです。

◆　◇　◆

こんな教育が進んでいくと、先生方がとても仲良くなるのです。教師が働きやすい職場は子どもが生きやすい学校なのです。

教頭先生は、先生方の授業を見られたら必ずうれしい感想を書いて担任の机の上に置かれるのです。校長先生は悩んでいる先生の話を聴き、見守ってくださいます。大会の参加者にも「みなさん、この会を成功させましょう」という熱い手紙をくださいました。「うちの先生と子どもたちを見てやってください」と誇らしげな校長でした。

参加者の中から、こんな学校はどうしたら作れるのか学びたいという声がいくつも出ました。

作文教育は、先生をも育ててくれたのです。

「子どもとも親ともうまくいかず悩んで、藁をもつかむ気持ちで来ました。元気出ました」「月曜日、子どもに会うのが楽しみな気持ちになれ、来てよかったです」「大阪の先生方に元気もらいました」と他府県の参加者の声。

大阪の先生はへこたれません。

第4章

日々の暮らしを
いとおしむ

第49話

自然に近づく谷川俊太郎さんとのトーク

つい先日、我が人生にめったに訪れることのないラッキーなチャンスに恵まれた。あの詩人、谷川俊太郎さんとトークをすることになったのだ。２００人の青年教師が待つ会場へ朝、東京を発って駆けつけてくださった。服装にもこだわりを持つ谷川さんだが、この日もグレーのタートルネック姿で登場。ごく日常をさげて来てくださったのだ。

「先生と呼ばないで」と言う。自分をエライ人のように呼ばれるのに嫌悪感があるようだ。子ども時代の学校嫌いも何か関係があるのかも知れない。どこか宇宙人のようで、アーティストのようで、子どものようにも思えた。

■生きている言葉のリズム

若い先生が『もこ　もこもこ』という絵本は、どのようにして生まれたのかと尋ねた。

絵描きの元永さんが絵を描いてきてじっと見ているうちに言葉が生まれたのだと言う。大人が最初、あの本を読んだ時は「なんのこっちゃ、わけわからん」と横に置いてしまった。それが今、子どもの手に渡ったら100万部を超えたという。

私も実際に4歳の孫に読んでやると「もこ」というだけで表情がゆるみ、「もこもこ」と言うと笑う。そして「にょき」と言うと声に出して笑う。

「山頭火」を読むと心が落ち着く

これはいったい何なのか。谷川さんは言う。人間は、言葉以前の大昔、もことかぽんとか、ガーとかワァーとか、生きているリズムそのままの音を発していたから、昔に返っているだけですよと。今の人間は、もっと声に出して言葉を楽しむことが大切だと。

だから谷川さんは、こうしたトークの場でも、要望に応じて快く朗読をしてくださる。ご子息、賢作さんとのコラボのときは、大好きな音楽をバックに、実に幸せそうに朗読をなさるのだ。詩を理屈で読まないで、もっと楽しんでほしいと力を込める。

■宇宙につながる孤独

20歳の時の処女詩集『二十億光年の孤独』(東京創元社)を若い日に読んだが、よく理解できなかった。「二十億光年の孤独に　僕は思わずくしゃみをした」。二十億光年の時間の長さと、今生きている身体の鼓動、くしゃみが同次元に並んでいる。不思議な人だと思った。

「生きる」という詩の中には「生きているということ/いま生きているということ/それはのどがかわくということ/木もれ陽がまぶしいということ/ふっとあるメロディを思い出すということ/くしゃみすること/あなたと手をつなぐこと」。また、くしゃみだ。人間の自然の身体の節理もまた遠い宇宙につながる生きている今なのだととらえる世界がある。

「宮沢賢治の世界に影響を受けましたか」と問うと「もちろんそれもあるが、自分は、空も星も風もみんな自分に影響を与えてくれた」と言う。そして、さらに「これから先、もっと詩作を通して自然に帰っていきたい」とも語っていた。

息子が生まれた時、その寝顔を見ながら作った詩「子どもは眠る」が小室等氏によって曲がつけられているが、そのワンフレーズに「象形文字のように腕をひろげ」というのがある。人類が文字を生み出し始めた太古の時代につながる命がここにあるという感動。やっと少しずつ谷川ワールドが胸に落ち始めた。

「人間の孤独」について話が進んだ。自分は、孤独、ひとりの世界を愛してきたと言う。今の若者は、孤独だと言ってもがいている。事件を起こした青年は「死ぬまで1人、死んでも1人、幸せになりたかった」と書き込んで他殺という名の自殺をした。谷川さんは言葉を続けた。「ぼくは、マザコンで、母親にたっぷり愛されていたから孤独でいられたのでしょうね。今の青年は、誰かに愛されているという実感がないのだろうか」と唸っていた。

子どもの表現にふれて、私が一つ子どもの作文を読んだ。学校から走って帰った1年生がうんこをしたら長いのが出て母さんを呼んだらヒャーッと言ってびっくり。姉ちゃんに見せたいと夜まで流さなかった。帰って来た姉ちゃんもびっくり！　さしで測ってみたら30㎝もあったという話だ。谷川さんが1時間半のトークの中で最もキラキラした時だ。顔じゅうくしゃくしゃにして共感していた。子ども心が響く豊かな感性に脱帽。子ども心を失わず83歳の今も青春し、新たなことに挑戦し続けている。自然に近づきながら降ってくる言葉のしずくをまた私たちの命に届けてくれることだろう。

第50話

新しい自分との出会い

■墨彩画、書に魅せられて

新しい年が来ました。今年もどんな自分に出会えるのか、やっぱりわくわくしています。

子どもの頃、新年を迎えると、早朝より若水を汲み、真新しい水で顔を洗うと、家族そろって近所の氏神さんに初詣に出かけて行くのです。秋に収穫した藁で父が編んだしめ縄が、新年の空気をきりっと引き締めてくれます。なんだか新しい自分に出会えそうで、わくわくしたものです。この年齢になってもそのわくわく感があるから、ずっと子どもなのでしょうか。

今年も大学の仕事、学校の授業研究会や研修会の仕事、全国各地の講演活動で多忙な日々になりそうです。そんな日々ですが、言葉で表現すると同時に絵や書で自分を表現する楽しみを追求していきたい、とわくわくしています。

こんなの食べたら若返るわ！

墨彩画や書の魅力というのは、その日その時の1回きりの線と色で今の自分を表現できることなのです。今最もかきたいことを自分らしい表現方法で、かきたい時に決断してかく、1回きりの世界に深い味わいを感じているのです。

拙い作品ですが、その日その時の自分の生きている証なのです。とは言え、いつも思い通りにはいかなくて苦闘しているのですが、また挑戦したいという気になるから、やっぱり面白いです。

■2人の師と作文教育

この墨彩画と書の師との出会いが、これまた人生の宝になりました。お二人の人間性と作品の深さにほれ込んでいるのです。1本の線の中に、自然への深い洞察と人生の厚み、中国の文人たちの精神性が宿っていて、自分の未熟さに身を縮めることしばしばです。

ところで、こういう世界というのは、えてして師の権威の前にかしずき、師は絶対、師の技術に一歩でも近づくための精進と訓練が求められるものです。

私が出会ったお二人の師は、権威をふりかざさず、私たち生徒と対等に一人の人間として接して、指導してくださるのです。師は、私の作品を、本物を追求する厳しい眼で見てくださいますが、まずは、私が何をこそ表現したかったかに共感し、私の私らしさを大切にしてくださった上で、いくつかのアドバイスをくださるのです。

ある日、ふっと目の前が開けたような感動を味わったのです。それは、自分が長い間追求し続けてきた作文教育の原則そのものだったからです。子どもたちが作文を書く時、自分の表現したいことを自分の言葉で、自分らしい表現方法で自由に書くということを原則に、40年近く、いえ今も大学生に指導しつづけてきています。

子どもの作文も、今を生きている証です。子どもたちの作文を手にした時、まず何よりもその子の表現したかったことに心寄せ、その子の良さ、その子らしさを発見して共感するのです。

私の師は言います。「いろんなジャンルの本物にたくさん触れ、美しいものを観る感性を養い、表現意欲を喚起させたい」と。「まず技術を盗め」とは言わないのです。

作文教育においても同じことでした。いかに書かせるかの技術ばかりに目が行き、ああ書け、こう書くなという指導には走らないことを鉄則にしてきたのです。すぐれた文学に触れ感動しながら感性を豊かにし、友だちの作文を、表現・生活と重ねて味わうという指導を追求してきました。

尊敬する2人の師によって、自分の教師生活をかけて追求・実践してきた仕事を確かめさせていただいたのです。

■芸術は教えられない

味わいたい言葉を一つ。優れた書や絵を残した中川一政の言葉です。

「柳のような字をかく先生の弟子は柳のような字をかく。みな字を書けるようになったが、目は盲にされてしまう。技術は教えられるが、芸術というものは、教えられないものだ。先生に頼るということは先生の眼鏡をかけて物事をみることだ。自分の眼で見ることを忘れてしまうことだ」

「無条件に己をぶつけ、線を引いてみたらいい。紙の上に自分の全存在がひらき、夢が息づく。遊ぶ字だ。そこに生きるよろこびがふくれあがってくる」

書や絵で遊びながら、この1年も新しい自分と出会いたい。いやいや、本業の仕事を忘れないようにして。（この本に掲載している絵や書がそれです）

第51話

自分も生き生かされて

■鳥の声を聞きながら朝食

その人は、定年退職の日まで支援教育に携わってきた。

健康にだけは自信があったが、今は自分の身体と対話しながら、無理をせぬよう気をつけて日々を送っている。今年で71歳を迎えた。退職10年目だ。

退職後は、誰も生活のリズムを作ってはくれない。自らが自らの生活を設計しコントロールしなければならない。朝起きると、1日のすることをメモし、もう10年以上続けてきたウォーキングを妻と一緒にして1日が始まる。それから近所のお百姓さんが貸してくださった2百坪の畑を友人や近所の方5人で作っているが、そこへ出かけ、野菜を採ってくる。鳥の声を聞きながら、採りたて野菜で朝食をいただく。現職時代にはなかった幸せな時間だ。

さて、今日は、障がい青年の学びの場「学ぶ作業所」にボランティアで出かける日だ。

専門の体育の授業を担当している。何日もかけて手作り教材を用意する。現職のときのように心が沸き立つようで、いそいそと出かけていく。帰ってくると授業の様子を妻に饒舌に語りかける。生き生きしている。そして、その日の授業記録をまめにとり、整理しまとめていく。次に生かしてもらえたらの思いだ。

じいじの育てたいちごが実ったよ　いっしょに食べよ

退職後6年間、支援学校の非常勤講師として、週に1〜2回出かけていた。若い先生に自分たちのしてきた仕事をバトンタッチしたいと、学びの場を自ら作ったり、一緒に食事をしてしゃべり場も作っている。そのときの手料理は彼自身が用意する。なんだかこれも楽しそうだ。

月に1〜2回は信州の山里へ出かけていく。そこに家を借り、アルプスの連山を眺めながら、ここでも畑を耕している。畑仕事の合間には、村の方との交流を楽しんだり、結構筆まめなので、新聞への投稿原稿を書いたりもしている。新聞にそれが載ると全国の友人たちから電話やメールが入り、これまた元気をもらっているようだ。

■ボランティアにも積極的

世の中の動きに敏感で、新聞やテレビを見ては論評している。東日本の被災地にも足を運び、地域の方とのボランティア活動にも積極的だ。喜んでいただける。自分も役に立たせていただいている実感は、人を元気にするようだ。

ボランティアと言えば、彼は若い頃からネパールやバングラデシュの子どもたちの教育支援に取り組んでいる。戦後、あの時代を苦労しながら5人の子育てをしてきた母への思いや、貧しかった自分の子ども時代がそういう行動をさせているのだろうか。人間へのまなざしが実に優しい。

そのネパールへ若い先生や友人を誘い、自らの旅のツアーコンダクターになって、何度も旅をしている。学校訪問で出会った子どもたちの人なつっこい笑顔は、突き抜けるような真っ青なネパールの空のようにさわやかで輝いている。この子たちに豊かな教育を、そして、学校に行けない多くの子どもたちに教育の灯をと情熱を傾けている。

好きなゴルフ、麻雀、旅行と息抜きも上手にしながら、地域の人や友人との交流を大事にしている。できた野菜を配ったり、憲法九条を変えさせてはならぬとさまざまな活動にも参加し、エネルギッシュだ。

さぞかし家にいるときは、ゆっくりしているだろうと思いきや、今も仕事を続け、多忙な日々を送っている妻を援助し、買い物、掃除、洗濯と何でも器用に、しかも実にまめにやってのける。「もっと家にいて、飯でも作れ」などと言ったことはない。妻とは学生時代に知り合い結婚した。「お互い成長し続けられる結婚にしたい」と熱っぽく語っていたが、口先だけではなかったようだ。

退職後は、あー疲れた、後は好きなことだけ自分の幸せのみを求めるという生き方では物足りない。教職時代に学んだことを生かし、若い仲間の援助もしたい。孫たちの未来を曇らすことがないような活動もしたい。ボケないためにも人と交わり、文も書く、人様の役に立てることもさせていただきたい。自然の声を聞き、土とともにゆっくり呼吸しながら自分らしい第二の人生を歩んでいる。

第52話

退職後も地域の人々と

■作品出展、ウォーキング

長い教師生活、命を削る思いで働いて働いて、やっと退職。やれやれ後は、ゆっくりしよう、できずに我慢してきたこともいっぱいしたいと思うのですが、自分が老後を過ごす地域を少しでも人間の風の吹く、豊かなところにするために何かしたいと思っているのです。私の場合、まだ大学の仕事や全国をまわる講演活動もあるのですが、全力投球とはいきませんが、少しずつ地域作りに力を出したいと思っています。

そんな思いでまず、好きな絵や書を地域の平和美術展や文化祭に出したのです。そのことを通じて、地域の方と交流ができ、「絵手紙教室を開いてくださいよ」とうれしい声も聞きましたが、それは時間も腕もできてからのこと。それまで修業ですが、楽しいかもと思っています。

15年くらい前から、実検もんの肩こりと言われたのを機に始めたウォーキング。夫

鬼は外、福は内　おいしそうやろ！

と2人で毎日のように歩き始めたのです。「時間をどうやって作っているの？」と聞かれますが、大事なことには時間をとる、時間は作るもんだと思ってきました。

自然の美しさに心をとめ、夫とゆっくりいろんな話をしているのです。摘んできた野草を朝から花瓶に生けると、部屋も私の心も爽やかな風が吹き、山の清水を飲んだような気分になります。花の好きな私を見て、ご近所の方が「美男かずらの実がきれいだから差し上げます」とくださるのです。あまりに美しいので、思わず絵にしました。命が蘇るような時間です。

■ラジオ体操の輪に

そして、昨年からは、公園で地域の方がやっているラジオ体操の仲間に入れてもらうことになったのです。聞くともう10年も前からやっているとのことでした。夏の多い時には、100人近い方が集合、冬の朝、暗いときも30人くらいはいるでしょうか。月が姿を隠すのを見て、朝日を待ちながら気持ちのいい汗を流します。

健康作りはもちろんのこと、なんとも楽しいのが、地域の方と仲良しになれることなのです。やってきた仕事はさまざまですが、今もボランティア活動や自治会の仕事を楽しんでやっていて、皆さん健康、元気、生き生きしています。体操の後、ウォーキングしながらおいしい料理の作り方を教えてくださったり、楽しいイベントを紹介してくださったりとにぎやかにしゃべり、笑い声が響いています。暮れには忘年会をやりたいと我が家に集合。1品ずつ得意の料理を持ち寄り、ごちそうの山でした。何だか地域のなかに血が通ってきたみたいで、安心感まで広がってきました。

■住民の声が政治動かす

堺の市長選のことも泉北高速外資売却問題も話をします。

突然ふってきた泉北高速外資売却問題では、みんな怒り心頭。緊急集会にも会場いっぱいの人。こんなこと許せない。地域住民のことよりも儲け第一、なんでやネンとおじちゃん、おばちゃんのパワー炸裂。署名はもとより何かしなくちゃと議会を控えて、維新の会の議員を切り崩すことが大切だとファクスと電話作戦です。

　私の居住区選出の維新の議員は反対の意志をお持ちだとか聞いたので、この方にエールを送って意志を貫いていただきたいと熱い文章を書きファックスで送りました。

　翌日の議会では、４人の維新の議員が反対し、泉北高速問題は住民の勝利、しかも反対議員４人が除名されたことで府議会で維新の会は過半数割れになったのです。堺市長選に続き、住民の声、要求は政治を動かすんだと実感したことでした。

　反対してくれた議員に、またファックスを送りました。「よくやってくれた。これこそ住民の声に耳を傾ける政治のあり方だ。地域の方の大きな拍手が聞こえますか」と。支持している政党ではありませんが、何党でも、住民のために働いてくれる一点では、熱いエールも送っていきたいものです。

　私の住む泉北地域（御池台）では、一人暮らしの老人が多く、一方、新しくできた住宅地では、子育てしているお母さんもたくさんいます。ゆくゆくはそんな人たちのために、何かできないものかと考えています。

　子育ておしゃべり会というのを学童保育の仲間とやってきた経験も生かし、子育ての交流の場、悩みごと相談のような場を作って、私も元気をもらっていきたいなと思っている退職６年目です。

第53話

人前で話すこと

今、年間100回近い講演をしている。相手は教職員、保育や学童保育関係者、お母さん方、学生その他いろいろである。

決して上手な講演ができているわけではないが、よく「話術は、どうやって身につけたんですか」と聞かれる。

話術なあ、身につけようと意識したことなど皆無である。話したいことが頭の中にいっぱいあって、それを話したいように語っているだけだ。つかみはどうするか、どこで笑いをとろうかなど一度も考えたことはない。

■無口だった子ども時代

ところがである。こんな「六口」な私が子どものころは「無口」であったと言うと、驚きを越えて笑いさえ出る。ほんとうだ。

小学校の頃、進んで挙手をしたなどということは一度もなかったように思う。小学校6年生のとき、地域の子ども会があり、最高学年だから司会をと言われたが、一言も出ない。それが恥ずかしくて、情けなくて、菜の花がいっぱい咲いていた畑の畦道を、まだ顔を真っ赤にしたまま走って帰った。それ誰のこと？　私なのです。

小学生の頃、我が家にも近所の家より後れて白黒テレビがやって来た。驚いた。人間が流暢に会話をかわし、話のキャッチボールをやっているではないか。自分の思いや考えを自分の言葉にして相手に伝えていることに驚いたのだ。カルチャーショックだった。

中学生になって、相変わらず友だちとはベラベラしゃべっていても、あらたまった場で話などはできなかった。

劣等感だった。悩みながらしたことは自分の感じたこと、思ったことや考えたことを言葉にして書くということだった。

一本の線に心ひかれる

■書き読むことで克服

書くことで、自分と向き合い始めた。物事を考え始めた。これがおもしろくなってきた。自分発見の喜びだろう。

庭のみかんの実が黄金色になり、深い緑の葉の中で光っている様が、書くことで一層美しくなり泣きそうになったものだ。母が作ってくれた毛糸の赤いカーディガンが、一生の宝物のようにうれしくて、書くことでそれがさらに深くなってくるのに驚いた。そうすると、自分の表現したいことにぴったりの言葉さがしが始まった。その頃、詩のおもしろさを見つけ、感動した言葉をノートに書きしるすようになったのだ。これは、自分さがしと自己形成に大きな力になったなあと思う。

しかし、やはり、あらたまった場ではなかなか話はできなかった。

大学に入り、自分の生き方を深く模索し、学生運動華やかな時代だったので、社会の問題にも目が開かれ、自分の世界が大きく広がった。問題意識も鋭くなり、かたっぱしからいろんなジャンルの本を読んだ。

それでも、サークルで何か報告する機会が与えられた時、緊張と苦痛で、病気のようになり、やれずじまいだった。あー情けない。大学の学生ゼミナールなどで、生き生きと話をする仲間に憧れた。私もあんなふうになりたいと。

教師になってからも話をするとなると緊張が続いた。短い話や連絡事項でも、話すことは全部書いた。作文の会という研究サークルに通うようになり、ある時、実践報告をすることになった。この報告も全部話をするように書き、テープにとって練習までしたものだ。

こうして書くことで自分を見つめ、自己確認や自己発見をし、自分の言葉を貯めていった若い日々。話す技術ではなく、話したいことを豊かに自分の中に積み上げることであった。語りたいとつき上げてくるものがあれば、とつとつであろうが、しどろもどろであろうが、相手に伝わると思えた。

自分の周りには、よい聴き手がいてくださったのだと思う。同時に相手の話をよく聴き、ことばを胸に刻むこと、たくさんの読書をして、すぐれた日本語、言語感性をわが物にしたいと学んでいった。

これは、死ぬまで続く勉強だと思っている。これまで１５００回を超える講演や講座をしてきた。今でこそ緊張して身体が震えるということはないが（慣れ）、毎回準備をして臨んでも勉強不足を感じている。しかし、今、会場の皆さんと場を作り上げていくおもしろさを楽しんでいる。

第54話

日常の暮らしをいとおしむ

■心に染みる言葉

泉北高速鉄道の改札口を出ようとしたらカードがない。あちこち探していたら、後ろで待っている方がいて、思わず「待たせてすみません」と言うと、若い娘さんが「いえいえ、私もそんなことありますから大丈夫ですよ」と言う。

なんと美しく心に染みる言葉なんだろう。この娘はどんなふうに育ち、どんな暮らしをしているのだろうかと思いを馳せながらいつまでも後姿を見送っていた。

■ていねいな心配り

またあるとき、広島のお母さんたちの教育懇談会に寄せていただいた。少し早めに着いたのに、すでにたくさんの人が準備をされていた。演台には、どなたかの庭で咲いていたであろう季節の花が美しく生けられていた。

受付のところで、赤やピンクのリボンのついたしおりが目にとまった。なんと拙著から私の言葉をとってそれをしおりにして参加者に差し上げるのだと言う。

この行き届いた心配り！　やっぱりなあ。人が次々と笑顔でやって来て、すぐに会場はいっぱいになった。心が届くところには、人が集まるのだ。帰ってからも、手書きの心のこもった礼状と、皆さんの感想の言葉がアルバムのようにきれいに製本されて送られてきた。またまた胸がいっぱいになった。

■季節とともに暮らす

なんとも慌しい日々の中で、こんなていねいな営みがあり、心配りがある。カサカサになった心で日常の生活を送りたくないと改めて思う。

今朝、いつものウォーキングをしてきた帰り道、野草を摘んできて、庭に咲いていた白いホタルブクロと一緒に生けた。部屋の空気が一瞬で緑色になり、生き返ったような気分になり心が躍る。「なんでも子どもみたいに嬉しいんやなあ」と夫。

さて、それからこだわりの朝食の準備をする。畑から採りたての野菜を5種類以上サラダに、田舎から送ってきたダイダイでとった酢をかけて1品。牛乳に玄米のフレークをうかせて2品目。季節の果物3種類に小豆の炊いたものを入れ、そこへヨーグルト、黒豆のきな粉、最後にこれも田舎からいただいた純粋のはちみつをかけてこれで3品目。なでしこの花を生けたテーブルでゆっくりいただいて、1日が始まる。開け放した窓から爽やかな風が吹いてきて、空は真っ青。命が喜んでいると感じる。

今日は少し時間があるので、庭で穫れた梅をきれいに洗い、ヘタをとって、梅ジュースの用意をする。3年前の梅ジュースもこくがあって抜群に美味しい。自分の庭で白い花を咲かせ、鶯もやってきた梅だから一層いとおしい。

移りゆく季節に合わせて、絵や書もまめに掛け替えている。古着屋で手に入れた帯を使って自分で表装したあざみの絵を飾った（49ページの作品）。紫陽花の絵に添える詩も墨で書いて貼ってみた。あらストレス解消！

洗ったばかりの顔で
あじさいがさいています
花びらをよせあって
小さいしずくをいっぱいだいて
しずくのひとつぶひとつぶに
あじさい色の空をうかべて

しんとして

（尾上尚子「あじさい」）

■手書きで届けたい

今日はまだすることがある。信州から届いたプレゼントのお礼状に絵手紙を添えて送る。そして、学生たちの悩み相談に手紙を書くことに。中学校時代のいじめで今も人間不信で苦しんでいることを綿々と書いてきた学生。この生々しい事実を読んでどんなにか辛かったかと胸が痛くなる。

こんな私に「先生、こんな話初めて人にします」と前置きして心開いて語ってくれる学生に手紙を書かないではいられない。

私は電話やメールの時代になっても、やっぱり自分の文字で自分の言葉で手書きにこだわって手紙を書くことを大切にしている。

どんなに忙しい時でもカバンに葉書きを入れていて、電車を待っていたり、講演が始まる待ち時間にでも、ちょっとした隙間の時間で葉書きを書いて、そこらのポストへポトンと投函する。心が届くということを大切にしたいから。

日々の暮らしを丁寧にいとおしんで生きていきたい。

第55話

何げない日常を書き留めいとおしむ

■ふるさとの母生きよ

90歳になる母が闘病している。私などと違って、なかなか精神的にも肉体的にも強い人で、100歳までは死なないと思っていた。知らせを聞いて、ふるさと徳島へ急いだ。鳴門大橋から激しく巻いている渦が見える。「大寒の渦の慟哭　母生きよ」。ふるさとの俳人、橋本夢道の句が思わず口をつく。

病院へ駆けつけ「母さん、来たよ」と言うと、目も開けず「うれしい」と言う。自分の口で食べ、おいしいと感じ、自分の行きたいところへ自分の足で行く、目を上げて空を見て美しいと感じ、陽射しの温もりに心を休める。このごく普通の日常がままならぬ日が来るんだ。母が生きていてくれるだけで、自分と死との間に突っ立てができていたようで、70歳近くにもなって、いまだに死との距離が遠かった。

今改めて、何げない日常の大切さをしみじみ噛みしめている日々だ。私はその日々のいとなみを言葉にして書き留めている。

▲今朝の温度計はマイナス。氷がはっている。近所の公園で毎日しているラジオ体操に夫と出かけて行く。気の合う近所の人たちとしゃべり、笑いながらウォーキング。池に飛んでくる鷺の飛翔する姿をじいっと眺めていた。背中に乗せてほしいな。

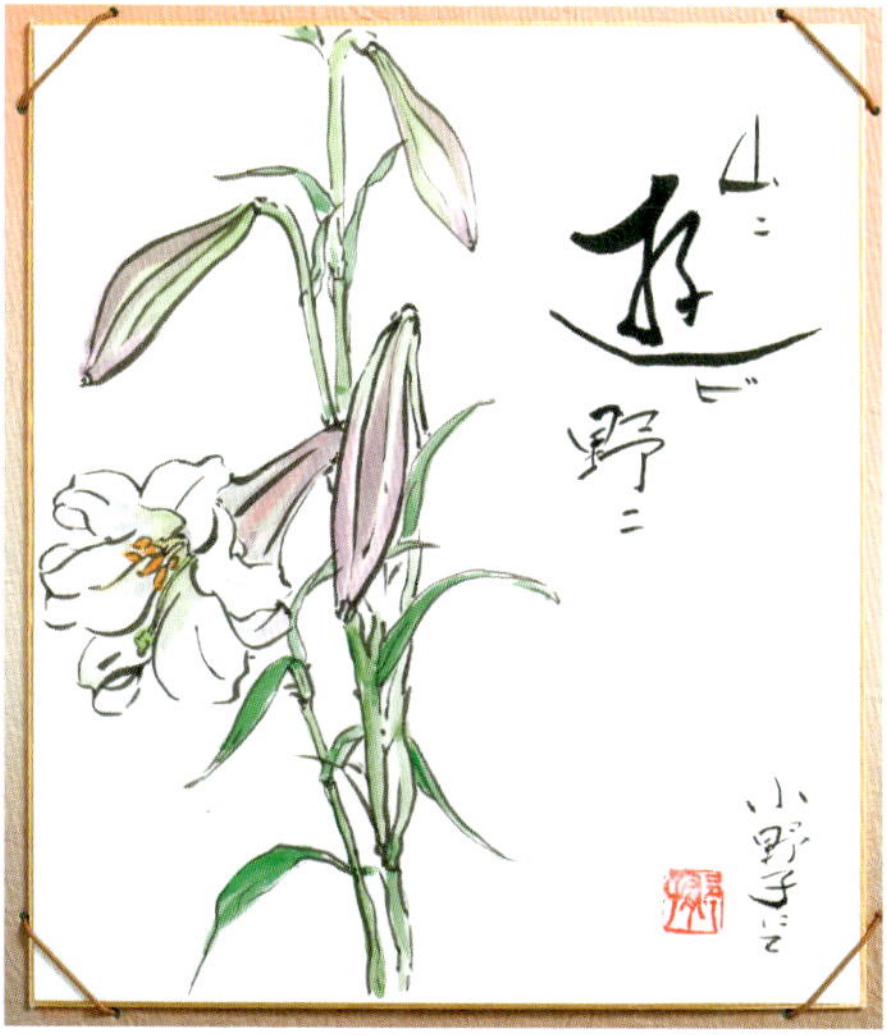

信州の山に咲いていた高砂百合　背すじが伸びる

▲今日は朝から白菜の漬物とたくあんのカレー漬けを作る（冷蔵庫には、柚子大根、かぶらの酢漬、ナスの辛子漬、きゅうりのキューちゃん漬けも並んでいる）。自分の手で料理をするのは楽しいし、気分転換になる。

▲午前中、家にいる時は、9時から1時間は文献の学習にあてている。今はヴィゴツキーの『思考と言語』と格闘中。背すじが伸びる。

▲今日は、寝屋川へ学童保育関係の講

演に行く。少し準備不足で、話があちこちいく場面もあり、慣れにまかせず、やはりもっときちんと準備がいる。反省。

▲帰りに大好きな古本屋に寄る。縄文人のことを書いた本と「黄檗《おうばく》の書稿集」の本を安く手に入れる。わくわく。山ほどの本を家にどんどん貯めて、さてどうするんや?!

▲台湾が原発を廃止するのニュースが飛び込んでくる。なんと日本の福島のあの事故を見て決断したというではないか。当の日本では、原発再開、ホンモノの知性とは何か。

▲3月にひかえている書道展の作品をあらためて書き直す。毎回の作品展で、自分の人生史を絵と書でかいて表現してきた。今回は、父の人生を書いている。玉砕の戦地から、命からがら生きて帰って来た父…。あの父ありて我ここにありと筆に力をこめた。

▲若い先生から涙の電話。学級通信に書いた記事に親からのクレーム。もう出す自信がないと言う。しかし、よく聞くと、それは親自身の子育て不安のSOSだ。それを若い先生にぶつけているのよ、大丈夫。

▲久々に大学へ。「ワー先生、久しぶり！　また小さくなったなあ」と抱いてくれる。若い男性がだ！「先生が若かったら結婚したいわ」「ハハハ私もや、相思相愛やなあ」。かわいい大学生だ。

▲左手が時々しびれる。頚椎がおかしいらしい。絵や書をかいても原稿書いても何時

間でも下に向いてやってしまう。それに神経を使っても首や肩が凝る。病気らしい病気もせず、おかげで元気にきたが、そろそろ身体がゆっくりしろと発信しているのだろうと思うけど、またついつい…。（今はすっかりよくなり、人間の身体は強いとまた気をゆるす）

▲友人が入院したという知らせ。すぐに絵手紙ふうにしてお見舞いのハガキを送る。人は、発信しなければつながらないと常に思っているので、結構まめに筆をもったり電話も入れている。

▲大阪の「チャレンジテスト」。これは大変だ！　子どもの悲鳴が聞こえる。1回のテストで内申書が決まる。先日のテストでは欠席者が続出した。教師の説明が悪いと攻撃の声もあったが、出るべくして出た問題。現場の声をていねいに聴きとってほしい。子どもを泣かせるな！

喜んだり不安になったり考え込んだり、いろいろある日々だが、この先の人生を考えると、今日が一番若い日、日常の生活の中にもある、ちょっとすてきな話に心あためて今日という1日を大切にと思う。「母よ生きよ」と願いながら…。（あれから1年、今はすっかり元気になり、不死身の母に励まされている）

第56話

絵と書でつづる自分史

■古希をまえに

書を習い始めてかれこれ10年になろうとしています。2年に一度我々の会で、「書游展」を開催し、その都度、自分史を絵と書で表現しています。古希を前に自分の来し方を振り返り、今と明日の自分を見つめています。

■自分史（その1）

柿の木が庭に二本
真っ赤に色づいた実を
美しいと思った
九才だった

母が菊の花を丹精こめて育てていた
母の花への想いを知った
十二才だった

土に生まれ
土に汗し
土で働き
土にかえった
父
ひとすじの道を生き抜いた父を想い

〝雨に濡れし夜汽車の窓に映りたる
山間の町のともしびの色〟
啄木のうたが　心にしみた
十八才だった

学生時代から友達だった人と結婚する
お金がないから　たんぽぽの花で作ったエンゲージリングをくれた
二十三才だった

生まれた子どもとふるさとへ
初めて吉野川を見て
〝かあさんの川　みどりの川〞とかわいい声で叫んだ
二十六才だった

〝雨ふるふるさとは　はだしで歩く〞　ふるさと恋し
六十四才の秋

■人生史（その2）

一カ月も早く　小さな小さな赤ちゃんが生まれた
一週間のいのちかと
桜の花が　咲き始めていた
百姓仕事の合間をぬって
からだの弱い私を背負って

人生史（その3）

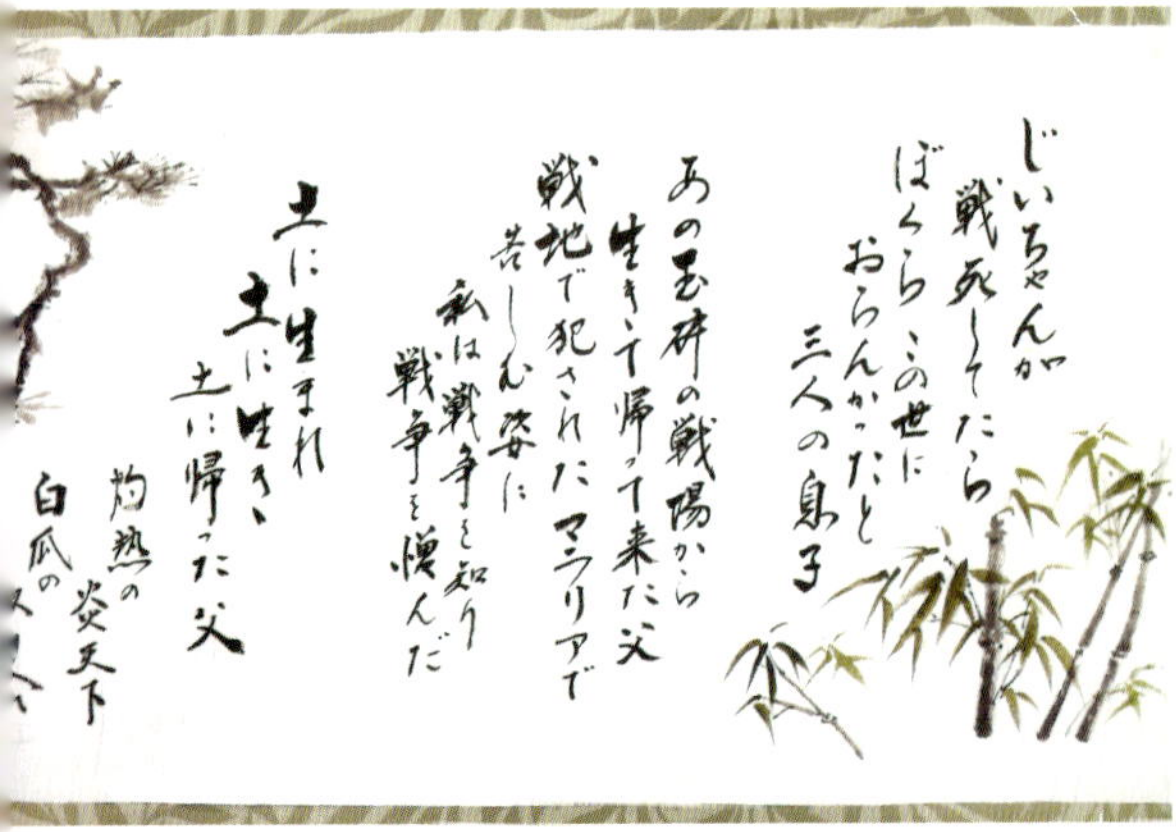

針治療に通ってくれた
母の背中はぬくかった

木登り大好きなのに
学校じゃ手もあげられない
恥ずかしいもん
叱られて　菜の花畑を走って帰った

こんなわたしが
今じゃ人様の前で講演なんかするようになって
母さん　びっくり
六十六才の秋

■人生史（その3）

じいちゃんが戦死してたら
ぼくらこの世におらんかったと

三人の息子

あの玉砕の戦場から生きて帰った父
戦地で侵されたマラリアで苦しむ姿に
わたしは戦争を知り　戦争を憎んだ

土に生まれ　土に生き　土にかえった父
灼熱の炎天下　白瓜の取り入れ（奈良漬の原料）
まさに瓜地獄
肩で息して働く父と荷を曳く牛の荒い息づかいを忘れない

働いて生き　生きて働いた父
百姓の魂を貫いた父
凛とした花を生け
美しい書をかく父であった
〝花茨釣れてくる鮒のまなこの美しきかな〟（夢道）

ふるさとの大河
今もゆったり大らかに流れる吉野川
今日も夕焼けが美しい
　六十九才の春に

第57話 孫の手料理で古希の祝い

■気長に見守る

私は、夫の誕生日になんと長男を産んでプレゼントした（誕生日が同じ）。先日、夫の古希の祝いを長男の誕生日祝いと合わせてやった。

その日、料理好きの4年生になる孫が、手料理を作るとワクワク。すでに何日も前から、自分で作成している料理ノートに、レシピを考え、工夫して書いてきた。学校の給食に出た温野菜サラダが美味しかったので、それを1品、ロールキャベツに今回は鶏のもも肉を入れて巻くと言う。パパの好きなヒレ肉のステーキのおろしポン酢かけ。この3品に果物のデザートをつけるというメニュー。

さて、わが家に到着すると早速メモ用紙片手に買物に出かけて行く。忙しい両親は家ではめったに料理作りに付き合うことがなく（わが家ではこれまでも度々やっている）、きょう初めてママも同行、娘の今まで見たことのない姿にびっくり。

なにしろ4年の娘と1年の息子2人がスーパーで買物。大人たちは側に来ないでと言うので、遠くで見守ることに。なかなかやります。売り場や、どの材料が適当かなど、店の人にはきはき尋ねている。親切に対応してくれていて好感。全部買えたら、じいじに見せている。アメリカ産のヒレ肉は買わない。その理由を説明して交換。

帰ってきて台所に立つと、エプロンをかけ、手をきれいに洗っている。なかなかさまになっている。わが家も夫がコック長なので、もっぱら孫の料理作りを見守っているのも夫の役目。包丁や火の使い方は、すでに教えている。とは言えやはり目は離さないが、手は出さない。笑顔の孫の側で「あっち行って」と言われながら時々のぞいては「上手やなあ」「できるの楽しみや」と声をかけている。

こんな姿に、ママはまたまたびっくり。家

腰のまがった人は私の母　92歳不死身

ではどうしても危ないとか、手間がかかるとかでやらせることは少ない。

ああ、いい匂い。煮込みロールキャベツのだしは昆布とかつおでとっているので、これがまたいい。「あーお腹すいたでぇ」。大人たちはできあがるまで気長に待つ。その後、弟を呼んで何やら打ち合わせをしている。弟にも出番をと、メイドを命じて、接待の仕方をメモ書きして練習させている。

いよいよ配膳ができて席に着くと、2人が「お待たせしました」とパーティーは始まった。メイドが恥ずかしそうに「きょうはまんぷくレストランにようこそ。本日のメニューは…」と説明。「飲み物の注文やごはんの量を聞きますからよろしく」

そしてじいじへの祝いの手紙が読まれ、手作りプレゼント（金、銀、土？の三つのメダルに、マスクのひもをつないだひもがついている）を手渡されて、やっと乾杯。

「まほちゃん、おいしいなあ」と口々に言われて満面の笑み。自分が人の役に立っている。私に出番がある。その喜びは、何にもかえがたい。子どもがすくっと大きくなる時を目の当たりにする思いだった。

■手間ひまかけてこそ

今回は、わが家の孫自慢みたいになったが、こういうことなみは子どもを成長させる、と実感。

誰かのために料理を作る。料理本を見たりテレビの料理番組を見たりしてメニューを考え、作り方をノートに書く。買物に行く。社会にふれる貴重な機会だ。物の流通なども知る。

そして、料理を作る。段取り能力や手先の器用さも要求される。いろんな工夫も求められる。包丁や火などの危険を回避するすべも学ぶ。まさしく生きるすべをわがものにしていくプロセスそのものだ。家族の喜ぶ顔を思いうかべ場を演出する。弟の出番も作ってやる。プレゼントも買ったものではなく、工夫した手作りだ。これも値打ちものだ。

1年の弟は、習いたての文字を使って、じいじに手紙を書く。相手の胸に言葉が届く。文字が生きていることを実感する。

そして、みんなに喜んでもらえて、みんなの幸せな顔、心もお腹も満腹になってかけがえのない1日が創造される。

買って捨てる便利な社会だからこそ、こういう手間ひまかけたいとなみが一層大切であり、人が育つということはこういうことではないかと改めて思った。今回はばあばの孫自慢でごめんあそばせ。

第58話

あき子先生の命の輝き

■入院中も藍染創作

半年前、久しぶりにお会いしたあき子先生の顔色は土色でした。ガンが再々発して、入院していて、退院したばかりだというのです。食事がまだうまく喉を通らず、唾液も出にくいと言いながら、明るい表情は昔のままでした。

「以前、学級運営が大変なとき、先生の話を聞かせていただき、元気をもらい感謝しています。そんな思いでこれ作ったので、もらってください」と言って、差し出されたのは、藍染の美しいのれんでした。手の込んだ花をかたどった模様も美しく、大好きな藍染に心が吸い寄せられました。プロ並みの作品で、闘病しながらこんなことをされていたのかと驚いたことでした。制作ノートを見せていただき、またまたびっくり。

思わず「個展をやりましょう」と言葉が飛び出しました。いや個展なんてとんでもないととり合わなかったのですが、友人と2人で何とか個展を実現させようと日程も会場も段取りしてしまいました。

あれから半年、あき子先生は、黙々と大好きな染め物に一層熱中し、たくさんの作品を創り上げていきました。いえ、驚いたことに一番の大作は（ぱっと見たら油絵かと思う風景の作品で、染めを十数回重ねたと言います）何と入院中、外泊時に病院を出て染色の作業に打ち込んで創り上げたというのです。

この熱意、根気、創造力はいったいどこから生まれるのでしょうか。あき子先生の命の輝きが結晶したとしか言いようがありません。

この半年、彼女の顔色はどんどん変わっていきました。顔に艶も出て、元気な時のあき子先生に回復していくのです。人間の命の不思議さとたくましさに脱帽です。

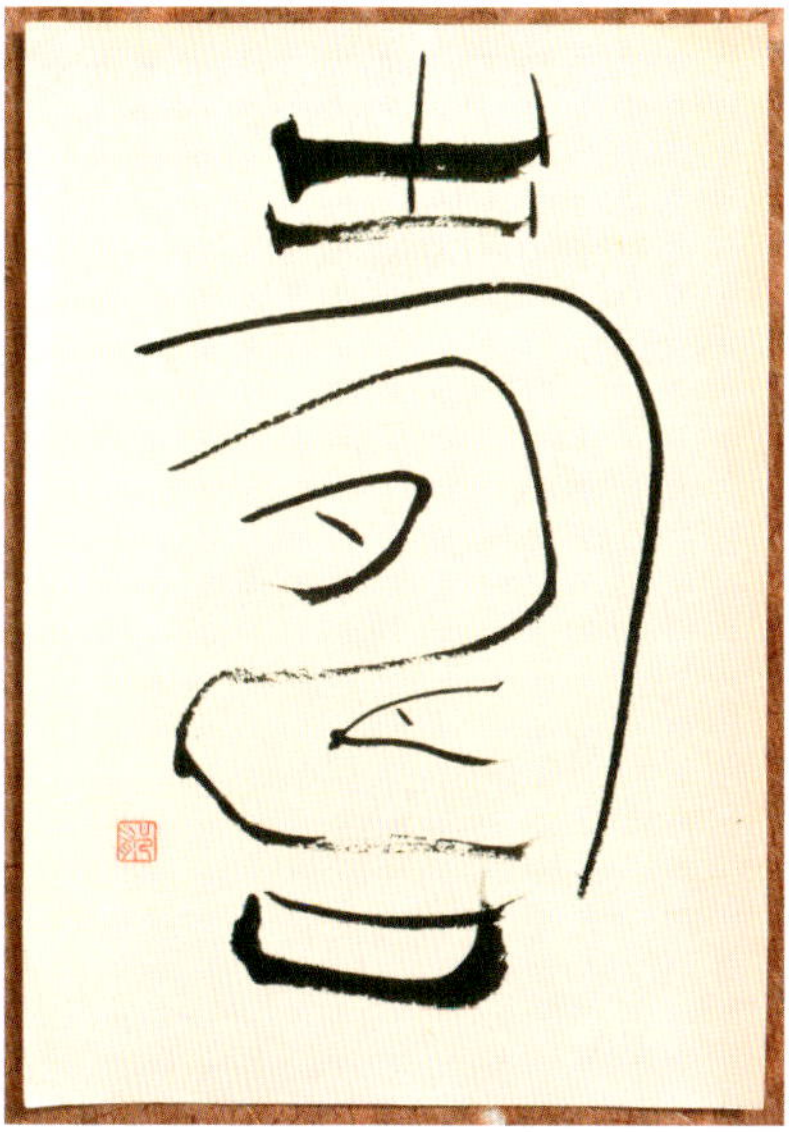

金文（中国の青銅期時代の文字）文字のルーツと出会う喜び

■笑顔の花咲く個展

そんな個展が先日3日間開催さ

れ、足の踏み場がないほど大勢の人がかけつけてくださいました。

彼女は病欠をとって闘病し、ずっと働き続けてきました。ご病気になる前は組合の書記長もして、教職員の要になって、仲間たちの力になってくれました。そんなあき子先生ですから、たくさんの仲間たちが懐かしい顔を見せてくださったのです。会場は、おしゃべりと笑顔の花でいっぱいになりました。

そこで私は思ったのです。「この人たちはあき子先生の激励に来たのではなく、ご自分が彼女に元気をもらいにやって来たんだなあと。鬱病と闘っている人、お子さんがひきこもりで親子で格闘している人、大変な現場で命を削る思いでがんばっている現職の先生方が、ここでひと息ついて彼女にもらった元気で、また明日に向かおうとしているのだ」と。

会場のコーナーに、ひときわ目立つ大きな花束が飾られていました。聞くと、主治医の先生から届けられたというのです。

◇　◆　◇

■主治医からのメッセージ

その花束にこんなメッセージが添えられてありました。

この個展があなたにとってどれほど大きな意味を持つかは、私なりに理解しているつもりです。診療室で流された涙の意味も。我々医師は、患者様を助けているようですが、実は逆に助けられているのです。一生懸命治療しても、勝てない病は確かにあります。やりきれない気持ちに苛まれることもあります。立ち向かって強い治療をするのも患者様の協力あってこそです。最後に患者様からいただく笑顔や「ありがとう」のたった一言で、これからも強敵と闘おうと思えます。

あなたはこれまでどれだけ苦しい治療にも、決して弱音を吐かずに、あらゆることをポジティブに捉え、私を信頼し続けてくださいました。旦那さまも、ご本人を信じておられるのがひしひしと伝わりました。これらの努力の結果の一つがこの個展でしょう。私の受け持ちの患者である前に、一人の人間として非常に尊敬しております。

短い私の医者人生で、最も私を救ってくださった方へ　内科医より

◇　◆　◇

人間の真実の言葉の重みをかみしめています。

あき子先生、来年、2回目の個展をやりますからね、また、作品たくさん創ってくださいね。

第59話

息子の「秋桜」のうたに子育て振り返り

ー上り坂になった坂道」によせて）

私には3人の息子がいる。末の息子が大学時代にボーカルオーディションを受け、なんと合格。以来、今も貧乏暮らしのシンガーソングライターだ。東京、大阪を中心にライブやコンサートをしながら夢を追い続けている。

子ども時代は、サッカーボールを追いかけていたスポーツ少年だった。末っ子の特技で甘え上手。帰ってくると「オカン背中かいて」と寄ってくる。「オカンは、背中かいたら世界一うまいなあ」と言う。（この息子も東京へ出てから10年。今も夢を追いかけている）

そうそう子どもの頃、熱で寝ていた枕元へ仕事から走って帰り、額に手をあてたとき「オカンが額さ

私の講演と息子のコンサートのジョイントの舞台に飾る（息子の歌「サクラ

わったら、なんか急に熱が下がったみたいや」と素直に甘え言葉が出たものだ。私など、そんな甘える言葉など、照れくさくて親になど言ったことはない。

兄たちからは「オカンは、オレらのときは厳しかったのに拓也には甘いわ」とよく批判されたものだ。確かに何をしてもかわいくて、ついつい甘くなっていたなあ。

仕事を持ち、組合の役員、サークル活動等をしながら、原稿書きや講演活動も続けてきた。ずいぶん手抜きの子育てで、子どもたちにはがまんもさせ、淋しい思いもさせてきた。それでも、ギリギリ精一杯必死にやってきた。その中で、何ほどのものが子どもたちの中に育ち、生き続けているのだろうか。

梅雨の頃、あじさいが美しく咲いた雨上がりの夜、見上げた空に満月があざやか。思わず息子を呼び、２人で書斎から眺めた夜のことは忘れていない。一緒にショパンを聴き、美術展に行って感動をともにしたことも覚えている。あれこれ口やかましく言ったことなどは水の泡。いったいどこへやら。

さて、つい先日、岸和田のある工房でライブを開催。その中で、カバー曲も1曲、さだまさし作詞作曲の「秋桜」を歌った。

「昨日、リハーサルのときこれを歌ったら、自分が東京に出たときの想いと重なって涙がポロポロ出て…」と言って、歌い始めた。

あの子の歌は、ライブやコンサート以外でも、私の講演とのジョイントで何度も何度も聞いてきた。しかし、今日の歌いぶりは違う。親バカだが、これまでにも増して魂がこもっている。歌に命を感じるのだ。

「明日への荷づくりに手をかりて、しばらくは楽しげにいたけれど、突然涙こぼし元気でと何度も何度も繰り返す母」

「こんな小春日和の穏やかな日は、もう少しあなたの子どもでいさせてください」

「ありがとうの言葉かみしめながら生きてみます、わたしなりに」

泣きながら聞いてくださっている方があそこにも、ここにも…。私も泣き出しそうになったが、それこそ照れくさい。他人事のように心の平静を装っていた。

しかし「もう少しあなたの子どもでいさせてください。こんな小春日和の穏やかな日はあなたの優しさがしみてくる」という言葉が繰り返されると、唇をかみしめてうつむいてしまった。

翌日、私は「秋桜」の歌詞を筆でしたため、コスモスの花の絵を添えた。そして、しみじみとその歌詞を味わったことだった。さだまさしはなかなかの詩人だ。あの子は、いつかこの母のしたためた書を見るだろう。そのとき、あの子の人生にはどんなドラマが始まっているだろうか。

歌と言えば思い出すことがある。3年生のときだったか、めったに行けぬ参観日に出かけ、音楽の授業に参加した。「富士山」を歌っていた。みんな気持ちよく歌っていたので、ついつい私も声が出て、最後のフレーズ「富士は日本一の山」のところの高音をはもったのだ。振り返った息子「二度と参観日に来るな！」。私の声が目立ったのだ。ハハハハ、なに、また行って歌ってやるぞと思ったが、さすがにプロの歌い手になっては、下手なハーモニーもままならずだ。今回は親バカの話でごめんあそばせ。

第60話

被災地にわが身をおく

町が消えている。田も畑も原野に戻っている。歩いても歩いても人っ子ひとりいない。あるのは、イノシシなどの野生の生き物の足跡だけ。除染土を詰め込んだフレコンバックの黒いかたまりやグリーンのシートで覆った異様なかたまりが、怪物のように横たわっている。民家があったであろう所には、住む人ありし日、育てていたあじさいやグラジオラス、金魚草の花たちだけがけなげに咲いている。前方にあの東電の原子力発電所の鉄塔が異様に白く光っている。(自分たちの暮らしの電気は東北電力から供給されているのに、なぜ東電にわが命も暮らしも奪われるのか!)

モニタリングでの放射線の数値は0・418マイクロシーベルト。待てよと地面の数値を測定すると、なんと5・41マイクロシーベルト。放射能を浴びた風を受けながら、原野に立ち尽くしていた。

■こみ上げる怒り

これまでたくさん東北の大震災の本も写真も映像も見てきた。話も聞いてきた。ここ現地に立って、この空気、この景色の中に身を置いて初めて、身体中に沸いてくるこの怒り、悔しさ、言葉にならぬ思いは何なのか。

この国は、福島県一つくらいつぶれようが人が死のうが知ったことではない。原発がメルトダウンした時から、東京でオリンピックをと決まっていたという。首相のアンダーコントロールの言葉で体が震えた。

詩人アーサー・ビナードに言わせたら『アンダーコントロール』というのは、放射能は大丈夫、コントロールしていますからではなく、日本人というのは、これだけ人類史上かつてない事件に出遭っても抵抗しない国民ですから、ちゃんとコントロール下に置いていますから大

コスモスゆれてた子どもの日

丈夫という言葉だったのです」と言うではないか。

そこからかつてメインストリートだったところへ足を運んだ。2軒だけ店が開いている。ガソリンスタンドだ。「おかえりなさい、がんばろう」の大きな字が飛び込んできた。3月に避難解除されたが、帰ってきたのはわずか1％。

この放射能で汚れまくった町に、どうして帰って来れるのか、そこでがんばれと言うのか。また怒りがこみ上げてくる。

「いい町　いい旅　いこいの村　福島なみえ町」の看板も目にとまった。心が痛い。いい町、いこいの村を破壊したのは誰だ。

「おいしい飯舘牛をどうぞ」。その肉牛たちも被ばくし「最後の乳をしぼった時は涙が出たよ」と言って、乳牛を残して村を去った酪農家の人たち。

学校教育も原発協力に利用されてきた。「原子力明るい未来のエネルギー」「原子力正しいりかいでゆたかなくらし」。こんな標語を書かされ「原子力の日」という作文まで書かされた。その子どもたちの姿も消えた。

浪江中学校の今年の入学生は、たった1人だ。そりゃあ、甲状腺ガンの疑いが190人というではないか。（当局は、因果関係は不明と言っている）そんな町で子どもは生きられない。（その子どもたちが避難先でまたいじめにあっている）

こんな話も聞いた。優秀な工業高校の1番から10番までの成績のよい子は、東電への就職が約束されていたという。そして、喜び勇んで東電に就職していった若者たちは、この東電のおかげでわが町も人も殺され奪われ、今地獄の苦しみを味わっているというではないか。

私たちは、今日もごく当たり前の日常を忙しく生きている。6年前に東北に大震災があって、津波と放射能で大変だったよね、とふと思い出す程度で。

この国は、人類史上かつてない大事故で後始末も人間の手に負えずあたふたとだけしているのに、原発再稼働、そして外国に高いお金で原発を売る商売をしていて平然としている。オリンピックでみな忘れましょ、だ。日本の事故の教訓から原発をきっぱりやめた国の知性とこの国の知性とはどこが違うのか。

しかし、この浪江町の漁民で、原発に最後まで反対し闘ってきた方の話を聞いた。村八分にあい、「お前が海で遭難してもオレたちは助けない」とまで漁業組合から宣告されたが、節を曲げず、命がけで今日まで生きてきたと静かに語っていた。

そうだ！　この国にも原発をつくらせない、持ち込ませないと闘った地域、人たちがいる。いや、今もいる。そこから何をどう学び、自分に何ができるか改めて考えさせられている。双葉町のひまわり畑に希望をもらって、帰路についた。

おわりに

平和が危ない！　戦後かつてない危機感を感じる今です。時代の動き、教育の動きに目をそむけず、今書きたいこと、書かずにはいられないことを毎月エッセイ風にしてこの8年間、雑誌『宣伝研究』（日本機関紙出版センター発行）に連載させていただいてきました。

私は、生活を綴るといういとなみを教育の中心に据えた教育実践を積み重ねてきました。人間が「書く」といういとなみは、ヒトを人間にする中心的な活動だと考えています。その場を与えてくださったことで、毎月ペンを握り、こんな本も誕生させていただくことになりました。また生きてきた証の一つになり、本を通じてたくさんの方との出会いが生まれますこと、何よりの幸せに感じています。

ところで、この出版の相談に編集者の方が我が家に来られ、家の中を見回して「この書や絵は、先生がおかきになったんですか。これを本に載せたら楽しい本になりますね、やりましょうよ」と弾んだ声で言ってくださいました。これも自分の自己表現だと楽しんできた絵や書ですが、本に載せてまじまじと見ていただけるほどの代物じゃないし、戸惑いました。ところが講演先で、この本の話をすると「楽しみやわ、ぜひ絵や書も入れてください」とたくさんの方の声に押されて、こんな本ができあがりました。

退職後始めた墨彩画や書、時々には、色紙絵やハガキ絵も描き、水彩画は3年前から楽しんでいます。といっても大学で講義をし、月に10回近くも講演で全国を飛び回り、雑誌や本の原稿も書く日々で、落ち着いた制作などはできていません。隙間の時間を縫うように、それでも忙中閑ありで、暑い山道で、沢の清水を飲むような爽やかな気分で筆を握っています。

墨彩画で絵のみならず人間修行をさせていただいている中谷素履《そり》先生、榊莫山のもとで長く書の精神を学ばれてきた川口屋桂草先生の人間と書に惚れ10年、教室に通わせていただいています。美術展で出会った水彩画の山崎鋭二先生、水彩画の水彩画ならではの美しさに心惹かれ、ご近所の仲間たちと我が家で教室開催。「それでいいよ」とあたたかいまなざしで、いつも心まで温めていただいています。

素履先生には、全国に生徒はたくさんいるけれど、3人変人がいる。私はそのうちの1人だと言われていますが、その変人にご指導くださっている先生方に感謝申し上げます。

そして、これまで4冊もの拙書を世に送り出していただきました日本機関紙出版センターの丸尾忠義さんに心からお礼申し上げます。
最後にたくさんの元気をくださった子どもたちや学生たち、保護者のみなさん、先生方、講演先で出会ったたくさんの方々、そして、私の活動をずっと支え続けてくれている夫に感謝でいっぱいです。

――古希を迎える春に

◎著者紹介

土佐 いく子（とさ いくこ）

1948年徳島県板野郡藍住町に生まれる。広島大学教育学部卒業。2008年3月まで大阪市内小学校に勤務。退職後、和歌山大学講師、大阪大学講師。なにわ作文の会、日本作文の会、臨床教育学会などに所属。教職員の研修会、保育・学童保育関係の子育ての集いや学習会、地域の子育て講座などで講師活動を続けている。

著書に『子どもたちに表現のよろこびと生きる希望を』（日本機関紙出版センター）、『子育てがおもしろくなる話』（同）、『子どものまなざし』（同）、『マジョリン先生の学級づくりたねあかし』（フォーラムA）ほか。

・現住所　〒590-0134　堺市南区御池台3丁20-2

◎撮影　山本尚侍

マジョリン先生　おはなしきいて

2018年2月10日　初版第1刷発行

著　者　土佐いく子
発行者　坂手崇保
発行所　日本機関紙出版センター
〒553-0006　大阪市福島区吉野3-2-35
TEL 06-6465-1254　FAX 06-6465-1255
http://kikanshi-book.com/
hon@nike.eonet.ne.jp
本文組版　Third
編集　丸尾忠義
印刷製本　シナノパブリッシングプレス

ISBN978-4-88900-953-8